广告战略

文案、创意与传播

叶 军◎著

中国书籍出版社
China Book Press

图书在版编目(CIP)数据

广告战略：文案、创意与传播 / 叶军著. -- 北京：
中国书籍出版社, 2021.10
　　ISBN 978-7-5068-8542-3

　　Ⅰ.①广… Ⅱ.①叶… Ⅲ.①广告学 Ⅳ.
①F713.80

中国版本图书馆 CIP 数据核字（2021）第 126321 号

广告战略：文案、创意与传播

叶　军　著

责任编辑	张　娟　成晓春
责任印制	孙马飞　马　芝
封面设计	刘红刚
出版发行	中国书籍出版社
地　　址	北京市丰台区三路居路 97 号（邮编：100073）
电　　话	（010）52257143（总编室）　（010）52257140（发行部）
电子邮箱	eo@chinabp.com.cn
经　　销	全国新华书店
印　　厂	三河市德贤弘印务有限公司
开　　本	710 毫米 × 1000 毫米　1/16
印　　张	15.5
字　　数	204 千字
版　　次	2022 年 1 月第 1 版
印　　次	2022 年 1 月第 1 次印刷
书　　号	ISBN 978-7-5068-8542-3
定　　价	56.00 元

版权所有　翻印必究

FOREWORD 前言

这是一个广告的时代!

生活中处处有广告,商业性质的广告为商家传达商品信息,影响着我们的消费行为;而非商业性质的广告,或者是能够改变我们的生活观念,或者是引导着我们的世界观、价值观的形成。不管你有没有注意到,广告都已经渗入我们生活的方方面面,对我们的思想和行为产生了很大的影响。

这是一个人人都可以参与广告的时代!

广告就在我们的身边,它并不神秘,掌握了广告战略,便能对那些随处可见的广告有更深层次的理解,也能更好地进行广告创作与传播工作——这正是我们编写本书的出发点。

既然是广告战略,那么首先必不可少的当然是要了解广告。从广告发展的前世与今生,到常见的广告类型划分,再到广告从业人员需要具备的素质修养,知己知彼,百战不殆,只有在充分了解广告理论的基础上,我们才能对各种不同传播方式及不同传播目的的广告应付自如。

　　文案最能体现广告的魅力与魔力，一则好文案，可以让广告宣传中的产品由"普通"变得"出彩"，由"好"变得"更好"。要想创作出艳惊四座的广告文案，就需要厚积薄发，做好文案创作前的必要积累，这就包括找准广告定位，了解不同广告的诉求方法与创作原则。

　　一则好的广告，往往能出奇制胜，这便是广告创意的体现。广告创意虽然抽象难懂，但也并不是无迹可"循"，巧用夸张、对比、比喻、象征等表现手法，便能为你的广告增添创意色彩！

　　广告传播是广告战略中的关键环节，是决胜的最后一战。除了要掌握具体的广告传播模式，还要能够分析受众对象，把握好绝佳的传播时机，做到有的放矢！

　　本书语言生动，案例丰富，深入浅出地展示了从文案创作到宣传传播的广告活动，我们希望读者能够在掌握理论知识的基础上，从实际的案例当中体会到广告独特的魅力，并能够提升自己的文案创作与创意水平，提升自己的广告传播能力。

另外，为了丰富全书的内容，我们还特设了"广而告之""案例点击"以及"学以致用"三个版块，既能够帮助读者快速掌握更多关于广告的知识，也能为读者提供实战演练的机会。

立足战略，激发创意，提升素质！广告战略的学习就要开始了，你准备好了吗？

作者

2021年3月

CONTENTS 目录

01 / 第1章
理论初探：关于广告的那些事

1.1 什么是广告？ / 03
1.2 扒一扒广告的发展史 / 09
1.3 广告文案分为哪些类型呢？ / 15
1.4 必须掌握的广告文案结构 / 21
1.5 细数那些常见的广告文案体裁 / 27
1.6 玩转广告，你需要具备这些素养 / 35

41 / 第2章
厚积薄发：广告创作的必要积累

2.1 有的放矢：找准广告定位 / 43
2.2 立足基础：不得不知的广告创作原则 / 51
2.3 有备而战：文案创作前的准备工作 / 59
2.4 投其所好：不同的广告诉求方法 / 67

73 / 第 3 章
引爆文案：广告文案的撰写秘诀

3.1　先声夺人：打造你的广告口号　/　75
3.2　抓住眼球：标题是制胜的关键　/　81
3.3　妙笔生花：写出触动人心的广告正文　/　87
3.4　别具匠心：和谐悦目的版面编排　/　95
3.5　画龙点睛：营造视觉冲击力　/　101

107 / 第 4 章
出奇制胜：广告创意的表现策略

4.1　适度夸张　/　109
4.2　对比衬托　/　113
4.3　比喻象征　/　119
4.4　拟人处理　/　123
4.5　寓褒于贬　/　127
4.6　以小见大　/　131

135 / 第5章
广而告之：广告传播的要点须知

5.1 概念先行，理清广告传播的特点 / 137
5.2 知己知彼，分析受众对象 / 145
5.3 实战演练，掌握传播模式 / 153
5.4 机不可失，抓住传播时机 / 163

167 / 第6章
各显神通：不同传播方式的广告

6.1 平面广告——二维空间的视觉传达 / 169
6.2 电视广告——有声有色的视听盛宴 / 175
6.3 广播广告——调动听觉感官，任你尽情想象 / 185
6.4 网络广告——常变常新，引领时尚潮流 / 191
6.5 户外广告——是广告，也是装饰 / 197

203 / 第7章
因势利导：不同传播目的的广告

7.1 营利至上——商业广告 / 205

7.2 追求品质——文化广告 / 215

7.3 正向指引——公益广告 / 219

235 / 参考文献

第1章 理论初探：关于广告的那些事

在现代社会中，广告无疑扮演着一个重要的角色。无论是在社会生产发展，还是人们的日常生活消费方面，它都产生着不可忽视的影响。

大街上，霓虹灯广告璀璨夺目，各种路牌广告、户外招贴广告丰富多彩，回到家中，手机、电视、电脑、广播、杂志、报纸中的广告更是令人应接不暇，我们仿佛每天都置身于广告的海洋中。难怪法国著名的广告评论家罗贝尔·格兰都曾发出了"我们呼吸着的空气，是由氮气、氧气和广告组成的"这样的感慨。那么，关于广告，你了解多少呢？

1.1 什么是广告？

有人曾幽默地指出："做生意的不打广告，那就像是在黑暗中与心仪的姑娘眉目传情——只有自己知道在做什么，而对方却毫无反应。"那么，广告究竟是什么呢？

商业街的各式广告

1.1.1 给广告下个定义吧

提到广告，我们很容易就会想到一个词——"广而告之"，即向大众通知一件事情，这也是我们对广告最简单的定义概括。

事实上，广告一词最早出自于拉丁语"Advertute"，意为"引人注目的"，后来演变为英语中的"Advertise"，在传入东方后首先被日本人翻译为"广告"，随后在中国广为流传，这一名词也逐渐被赋予了现代意义。

如果要给广告下一个定义，那么我们可以将其理解为：将广告主付费的信息（包括商品信息、劳务信息和观念信息等）以能够引人注意的艺术加工手法，通过各种媒介，以改变或者加强消费者的某一消费观念或消费行为作为目的来进行传播的一种经济活动。

根据广告的定义，我们就可以从中提取出五个基本要素：广告主、广告信息、广告媒介、广告受众以及广告目的（效果）。其中，广告主是发布广告的团体或个人。广告信息其实就是指广告中包含的各项内容，包括商品信息和观念信息等。广告媒介即传播该广告所需用到的物质手段，包括电视、广播、报纸、网络等。广告受众就是这一广告信息的接收者。最后的广告目的（效果）即广告主传播这一广告想要达到的目的，如获取经济利益等。这五个基本要素共同组成了我们熟悉而又陌生的广告。

> **广而告之**
>
> **世界上第一则电视广告**
>
> 1941年7月1日,在美国棒球赛播放之前,纽约市的一家广播公司旗下的电视台播出了一条至今仍令众多广告人赞不绝口的宝路华手表广告。这条广告的主要内容是:在一幅美国地图上放着一块宝路华手表,另有画面旁白"America Runs On Bulova Time(美国以宝路华时间运行!)"。这条广告虽然只有10秒钟,成本仅9美元,但在当时引起了极大的轰动,它宣告了全球电视广告的诞生,开启了电视广告的发展历程!

1.1.2 广告的四大特征

美国著名广告大师曾为大众汽车策划过一则名为"送葬车队"的电视广告。

广告的画面内容为隆重且豪华的送葬车队,其中每一辆车上的乘客都是一份遗嘱中的受益人,并配有旁白解说:

"趁着自己头脑依然清醒,我要发布以下遗嘱:

我的太太花钱如流水,我给她留下了100美元及一本日历。

我的儿子只会将我的每一个 5 分币都花在车子和女人身上，因此我给他留下的是 1000 个 5 分币。

我生意上的搭档奉行的生活方式是'花！花！花！'所以我什么也'不给！不给！不给！'

最后是我的侄子，他认为'节约一分钱就相当于挣了一分钱'，而且他还曾对我说'买一辆大众汽车肯定很划算！'所以呢，我决定把我剩下的所有财产都留给他！"

这则广告其实就向我们展示了广告的四个基本特征。

广告的四大特征

◆ 营利性

营利是广告（这里主要指商业广告）的目的，可以说这也是广告的生命，没有营利，我们整个广告行业都不能生存下去。

以上"送葬车队"的电视广告，其目的就是为大众汽车做宣传，以获得实际经济效益。

◆ **信息性**

广告的内容需要传递商品信息，这就包括商品的性能、质量、作用、售价等。除了商品信息，有的广告还会为我们传递某种观念信息。

"善于理财、拥有财富的人都会选择大众汽车"，这就是"送葬车队"广告中为受众者传递的观念信息。

【案例点击】

非油炸，更健康

随着现代人的生活节奏逐渐加快，各类快餐、方便食品早已成为众多上班族加班必备的"能量补给品"，然而方便食品虽然方便，却也存在着诸多安全隐患，尤其是油炸食品行业屡屡爆出的质量问题，令很多人开始对此类食品敬而远之。

非油炸方便面

> 正是在这样的背景之下,一些商家开始在做广告时向消费者传递产品的健康理念信息。比如国内比较有名的五谷道场品牌,就为自己的方便食品打出了"非油炸,更健康!"的广告语,向消费者传达了其产品既美味,又健康的信息,给人们留下了深刻的印象。该广告的成功之处在于,它契合了当代人追求健康生活的理念,传递了产品中独特的"健康"信息,迎合了广大消费者的需求。

◆ **说服性**

说服受众者,以达到广告能够为广告主产生利润的目的,体现的就是广告的说服性。

也许你会认为这则"送葬车队"的广告有些荒诞,但不可否认的是,它的确能给受众者留下深刻的印象,它试图说服人们,大众汽车是值得信赖的一个品牌,甚至能为我们带来巨大的财富。

◆ **艺术性**

如何才能让你的广告吸人眼球,并且影响人们的消费行为,达到"说服"的目的呢?这就需要用到广告的艺术性。

在这则"送葬车队"广告中,策划者用精美的电视镜头及风格独特而又略显幽默的文案语言来传达广告内容,深刻影响着受众者的情绪和心理,这就是广告艺术性的体现。

1.2 扒一扒广告的发展史

1.2.1 国外广告发展史

国外广告的发展主要经历了以下四个阶段：

- 原始时期
- 早期印刷时期
- 印刷时期
- 现代广告时期

外国广告发展史

原始时期的广告多以传统叫卖的方式为主，即便存在少量的文案广告，也多是纯手工抄写，文辞简略且数量有限。

金属活字印刷术出现后，国外的广告进入了早期印刷时期。1625年，第一篇真正意义上的报纸广告被刊登于英国的《英国信使报》，1666年，《伦敦报》正式为广告开辟了专栏，但这一时期的广告也存在"两极端"现象，即"极端朴实"与"极度浮夸"。

19世纪，随着报纸发行量的剧增，印刷广告发展飞速，国外广告进入了印刷时期，不仅出现了配有插图的报纸广告，还出现了大量杂志广告。1853年，摄影技术的发展使图片逐渐与广告文案的设计相结合，绝大部分广告文案开始追求图文并茂。

20世纪以后，随着无线电广播、电视、手机、互联网的出现与普及，人们步入信息化时代，广告宣传的手段便日趋多样，如广播广告、电视广告、手机广告、互联网广告等。广告业不再被人们视为附属行业，而是作为一类含有巨大商业价值的产业得以迅速发展，广告文案也开始追求形式多样、风格多变、个性创意、幽默风趣等多元化的表现方式。

广而告之

早期印刷时期国外广告的"两极端"现象

早期印刷时期的广告出现了奇特的"两极端"现象，即文辞的"极端朴实"与"极度浮夸"。

一方面，文辞极端朴实的招贴广告在国外报刊与商店门口随处可见,如"先生们、女士们,本店出售头巾、头布,绅士与淑女都可以在这里买到物美价廉的商品……"由于这类招贴广告极为常见,文辞朴实真诚,毫无任何夸张修饰的成分,像极了街头的叫卖,因此人们对此类广告早就习以为常,在有需要时便会主动去关注和留意。

另一方面,在国外各大报纸和杂志中还常常刊登着这样一类广告,广告中能将普通的咖啡饮品描述成"这是一款经医学认可的有益于健康的饮品。它有着帮助消化、愉悦心情的作用,它还能预防风湿、淋巴腺肿等各种疾病,同时还是一种治疗抑郁症的良药"。虽然文辞虚假浮夸,名不副实,但极具诱惑力,会吸引人们主动关注广告产品的相关信息,甚至尝试购买广告中的产品,并对广告产品的神奇功效抱有较大的期待。

1.2.2 中国广告发展史

中国广告经历了以下三个发展阶段:

```
┌─────────┐
│ 古代广告 │
└─────────┘

      ┌─────────┐
      │ 近代广告 │
      └─────────┘

            ┌─────────┐
            │ 当代广告 │
            └─────────┘
```

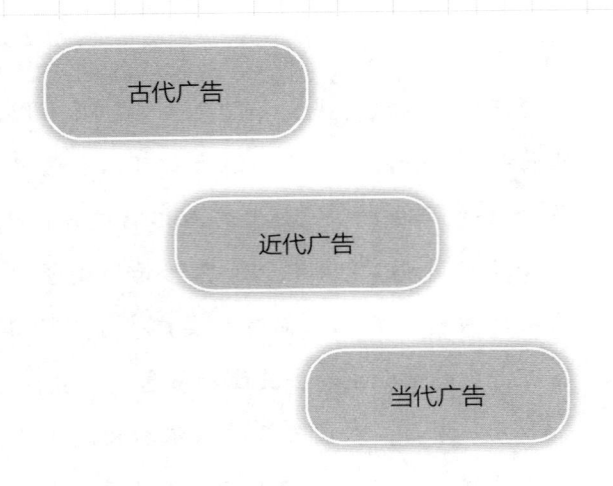

中国广告发展史

古代广告时期，奴隶社会前多以社会广告为主，随着商品交换的范围扩大和奴隶社会的形成，经济广告得以出现。随着印刷术的出现与商业经济的发展，北宋时期出现了早期书刊广告，明清时代出现了包装广告，许多商人以木板印刷品作为自己的商品包装，广告文案也力争图文并茂，形象生动，追求美观的同时更追求广告宣传功能的发挥。

近代广告时期，中国的广告多以报刊广告为主，后陆续出现了大量宣传民族工商业商品的广告。随着经济的发展，广告媒介陆续增多，出现了邮寄广告、交通广告、橱窗广告、广播广告、杂志广告、广告牌等。

中华人民共和国成立后，中国进入了当代广告时期，国家出台了一系列管理广告行业的法律法规，广告媒介更加丰富，广告体系也得到了进一步完善。

改革开放后，人们加深了对广告的理解，认可了广告的积极作用，广播广告、电视广告开始大量出现。而随着互联网的发展和智能手机的普及，新媒体广告日益壮大，中国的广告也因此变得更加生动形象与丰富多彩。

【案例点击】

戴尔和你之间没有中间商！

中国进入当代广告时期后，人们认识到了广告的积极作用，商业广告也得到了长足的发展，各种类型的广告竞相出现。但大部分公司推出的广告都注重宣传产品，很少有公司真正从消费者的消费心理着手设计广告。

戴尔电脑在进军中国市场时，仔细研究了中国消费者的消费心理，发现中国消费者对待"中间商赚取差价"这件事，大多数都持反对意见，于是便抓住了消费者的这种厌恶中间商却又对其无可奈何的心理，打出了"戴尔和你之间没有中间商！"这样的广告语，在保证自己产品质量的基础上，采取了厂家直销的方式进行销售，收获了广大消费者的一致好评。戴尔电脑也因此在中国的电脑市场占据了属于自己的一席之地。

1.3 广告文案分为哪些类型呢?

广告文案的分类标准多种多样,这里我们主要从广告的传播媒介角度来对广告文案进行分类,将其分为印刷媒体广告文案、广播广告文案、户外广告文案、电视广告文案以及互联网广告文案五大类。

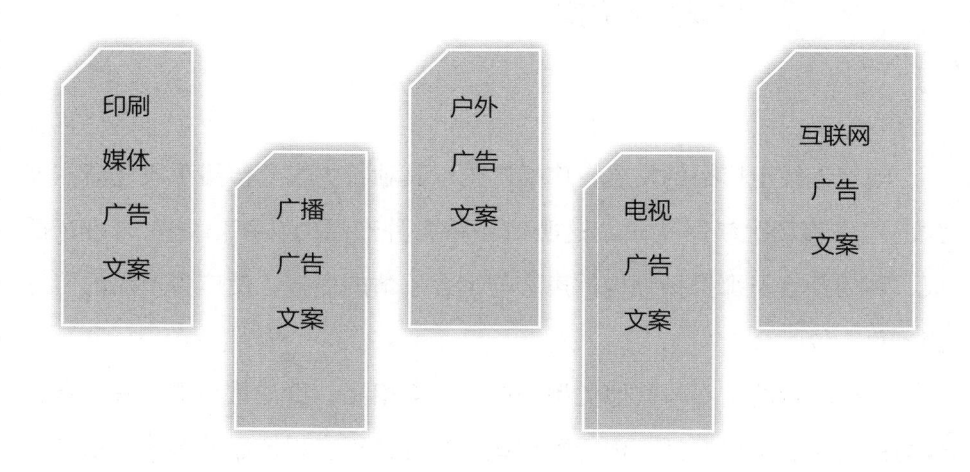

| 印刷媒体广告文案 | 广播广告文案 | 户外广告文案 | 电视广告文案 | 互联网广告文案 |

广告文案的类型

1.3.1 印刷媒体广告文案

印刷媒体广告是指以印刷手段作为宣传商品广告信息的工具，分为一般印刷媒体广告与大众印刷媒体广告。

一般印刷媒体广告通常包括海报广告、样本广告、传单广告、招贴广告以及邮寄广告等，其中招贴广告、样本广告以及邮寄广告较为常见。这些广告文案多以文字为主，偶尔会搭配少量图片。大众印刷媒体广告则主要指报刊类广告，也是人们最常见的印刷媒体广告，如报纸报告、杂志广告等，刊登于报纸和杂志上的广告文案，词汇丰富、语言清晰、信息明确，颇受人们关注。

1.3.2 广播广告文案

随着无线电广播的发展，广播广告以其独特的媒介传播手段逐渐在庞大的广告市场上崭露头角。这类广告将各种产品的文字信息变成语音播报，利用播音员那抑扬顿挫的声音与饱含感情的播报，使广告产品的信息深入每一位听众。

广播广告的文案与其他类型的广告文案相比，更注重与播报者声音表现力的配合，多以对话、内心独白或歌唱等易于表现情感的形式为主。此外，由于广播广告独特的宣传方式，产品信息有时也会先设计成快板、评书或相声等娱乐性强的广告文案形式，再广播到听众的耳中，以此来吸引听众，进而激发听众对广告产品的购买欲望。

1.3.3 户外广告文案

户外广告主要指以市政公众建筑为主要传播媒介的广告类型，包括路牌广告、霓虹灯广告、旗帜广告以及车船广告、过街天桥广告等。这类广告文案形象鲜明、设计精炼、内容集中，主要以宣传企业的特殊形象、特色品牌或企业名称为主，其目的则是加强人们对企业的印象，以培养潜在的消费者群体。

1.3.4 电视广告文案

在众多类型的广告中，电视广告始终拥有着属于自己的地位，它凭借出色的光电转换系统，将听觉与视觉进行巧妙结合，瞬间使广告魅力大增。电视广告文案也可称为电视广告脚本，素材、解说词、主题以及表现手段和艺术形式等都是设计电视广告时需考虑的要素。

与其他类型的广告文案相比，电视广告文案除了重视脚本内容与镜头表现方式以外，还更加注重创意的构思，简单来说便是，谁的电视广告构思更具创意，谁就能在这短短几分钟的电视广告中为自己的广告产品打开市场销路，最终取得令人艳羡的经济效益。

1.3.5 互联网广告文案

科技的发展与互联网的普及，使互联网广告得以飞速发展，逐渐出现了旗帜广告、分类广告、关键词广告以及按钮广告等形式；智能手机普及后，又出现了各种新媒体广告，如微博广告、微信公众号广告以及抖音、快手短视频广告等。

与其他类型的广告文案相比，互联网广告文案更加具有新鲜性、刺激性、创意性与及时性，以抓住浏览者眼球为重点，追求广告文案内容与表现形式的年轻化与个性化。

【案例点击】

你是我的优乐美

纵观国内的奶茶销量市场，喜之郎公司的优乐美奶茶始终有着其他品牌难以企及的地位。这除了其具有的优秀的奶茶品质之外，还得益于它曾出品的一则电视广告。

广告是由几个片段连接起来的，男主优雅帅气，女主长相也极为甜美清纯，二人的生动演绎向观众讲述了一段美丽温馨的爱情故事。大雪纷飞的冬天，男主拉着女主匆忙地跑进一家咖啡厅，坐在了一个靠窗的位置上，女生捧着热乎乎的奶茶，一边望着窗外，一边柔情地询问男主："我是你的什么？"男主微笑着柔声说道："你是我的优乐美啊！"这时女主一脸委屈，质疑道："原来我是奶茶啊？"男主则宠溺地笑看女主并回应道："因为这样我就能把你捧在手心了。"随后镜头下的男女主相视而笑，画面既甜蜜又温馨。

自此以后，优乐美奶茶的销量大幅提升，并在年轻一代的消费者中倍受推崇。这则将奶茶与甜蜜爱情相互结合的创意电视广告，可谓是奠定了优乐美品牌在整个奶茶市场中的重要地位。

1.4 必须掌握的广告文案结构

广告文案结构主要包括标题、正文、广告语和随文四大部分，这四大部分之间相互联系，紧密结合，共同构成了一则则生动完整的广告文案。因此，我们必须要掌握广告文案的重要结构，才能为创作经典广告文案奠定一个坚实的基础。

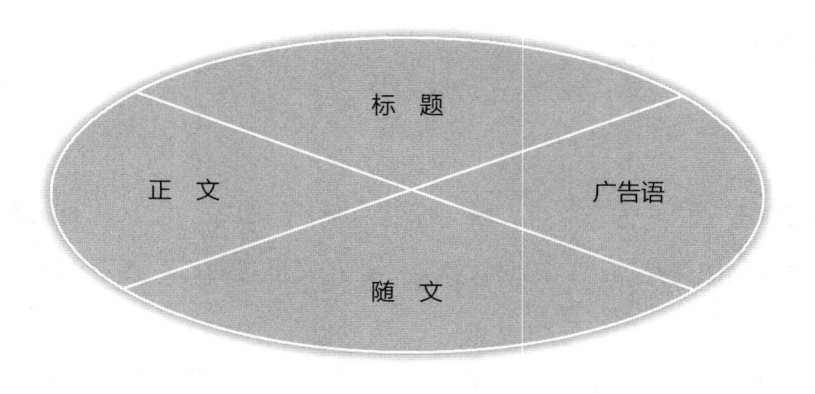

广告文案的四大构成

1.4.1 标题

标题，即整个广告文案的总题目，它肩负着区别其他广告、抓住消费者眼球的重任，可谓是广告文案的一个重要组成部分。俗话说"题好文一半"，经过精心设计的标题才能从众多广告标题中脱颖而出，更加吸引人们注意。

一般来说，广告标题的种类极为丰富，如新闻型标题、承诺型标题、疑问型标题、劝导型标题、悬念型标题以及情感诉求型标题等，只有根据广告产品信息的实际情况，为其选择最为合适的广告标题，才能使广告文案一炮而红、一鸣惊人，达到抓人眼球的目的，进而为下一步广告正文的撰写奠定一个坚实的基础。

1.4.2 正文

创意十足的广告标题可以瞬间抓住消费者的眼球，但它并不能给消费者提供商品的完整信息，此时就需要广告正文挺身而出，接下正式介绍商品的艰巨任务。

广告正文也是整个广告文案中主体的部分，通过广告正文，消费者可以了解到商品的详细信息与特色服务，以此来判断自己是否需要购买广告中的产品。广告正文类型也较为丰富，如陈述型正文、简介型正文、对话型正文、古诗词型正文等。

1.4.3 广告语

广告语又可以称之为广告口号，是为了强化消费者对商品的印象而在广告信息传播过程中反复使用的口号性语句。广告语既可单独使用，也可配合标题或正文使用，字数一般在 6~10 字左右，短小精炼、朗朗上口，目的在于塑造商品的品牌形象，使广告商品更加个性化，从而进一步提高广告商品的品牌辨识度。

例如"农夫山泉，有点甜"，这句广告标语用在质朴单纯的几个广告画面之后，通过简练的几个字，将农夫山泉的纯粹与"有点甜"的口感巧妙搭配起来，再一次加深了观众对农夫山泉这个品牌矿泉水的印象，使广大观众都成为农夫山泉品牌矿泉水的潜在消费者。该品牌的矿泉水也因此取得了一个不错的销量成绩。

1.4.4 随文

广告随文也可称作附文，主要指在正文之后的与商品有关的附加文案，如生产企业名称、企业标志、企业地址、权威证明以及售后服务等。这些文案可视为对广告正文的补充，目的在于提升消费者对广告商品的信任度，鼓励其放心大胆地购买商品。

　　根据表现形式的不同，可以将广告随文分为常规型广告随文、附言型广告随文及标签型广告随文三类。常规随文通常会围绕广告商品、广告战略目标等方面，选择相对重要的随文内容进行罗列，如销售热线等。附言随文通常会配有"特别提醒""温馨提示""好消息"等字样，目的是引起消费者对随文的注意。标签随文通常会配有鲜艳的色彩或装饰性花边，看上去与商品标签无异，目的是延长消费者对广告商品的关注时间，如广告文案后的折扣优惠券、商品抽奖券等。

广而告之

广告文案特例

　　理论上，一则广告文案只有在同时具备了标题、正文、口号、随文这四个最基础的部分后，才能将广告所要表现的信息悉数传递给受众，以此来完成最初设计广告文案时所要达到的目的，如打开市场销路、树立品牌形象或宣传公益文化等。

　　实际上，依然存在文案结构残缺但堪称经典的广告文案特例，如著名广告人威廉·伯恩巴克为犹太裸麦所创作的一则广告文案，整则广告文案只有正文与口号两个部分，正文为"纽约/正在把它/吃光！/来味牌/真正犹太裸麦"，口号为"吃光它！"短小精炼的广告正文与诱惑力十足的广告口号默契配合，不仅加深了目标消费者对广告产品的印象，还增强了消费者对广告产品一探究竟的好奇心，可谓一举两得！

  在创作广告文案时，尽管我们需要掌握广告文案的基本结构，但不应过分教条，适当地进行调整与创意，有时也会收获意想不到的惊喜。

1.5 细数那些常见的广告文案体裁

你知道广告文案都有哪些体裁吗？下面就带你了解一下。

说明体　　公式体　　表格体

文学体　　符号体

广告文案常见的几种体裁

通过上图可以看出，说明体、文学体、公式体、符号体、表格体是广告文案中常见的几种体裁，合理使用这几种体裁，将会使你的文案更加出彩。

1.5.1 说明体与文学体

◆ **说明体**

在常见的广告文案体裁中，说明体堪称是别具一格的存在。这种体裁的广告文案通常以剖析、理解及详细介绍的方式，突出广告产品所具备的典型特征与功能服务。例如下面这则"盾牌头盔"的部分广告文案：

"……盔体是由四层合为一体组成的。外层由玻璃钢材料构成，具有良好的刚性、韧性、耐冲击性，有隔热、耐寒、防火的优点；第二层由 10 毫米厚的半硬聚苯乙烯发泡塑料整帽衬作缓冲；第三层由 6 毫米厚的聚氨酯软泡沫作减震；里层由富于弹性、耐磨、光滑、舒适的尼龙绸作衬里……"

这则广告文案言辞朴实，叙述明白，使消费者一听便知晓广告产品的特征与主要功能，在加深消费者印象的同时，也打开了这一广告产品的销路，可谓是一箭双雕。

◆ **文学体**

文学体广告文案不仅具备宣传性，还具有一定程度的审美性和艺术性，使消费者在关注广告的同时产生良好的审美感受，进而引发其对广告产品的兴趣与关注。例如：

"每到深秋，九寨沟的景色更是迷人。秋霜过后，层林尽染，翠绿、金黄、火红的多色树叶相间，湖水清澈透明，蓝天白云映入湖中，湖静云动，如水里行舟……"

这是九寨沟旅游广告的文案，通过生动形象的景色描述，自然而然地给消费者传达了这样一种信息，即"九寨沟秋色透着一种独特的美丽，若值秋季来此旅游一番，必然能体会到永生难忘的秀丽美景"。秋季也因此成为九寨沟地区的旅游旺季，广告效果绝佳。

1.5.2 公式体与符号体

◆ **公式体**

公式体广告文案常以数学公式的形式出现在消费者视野中，能瞬间抓住消费者眼球，进而激发其对广告产品一探究竟的欲望。例如：

无霜 + 省电 = 上菱电冰箱 = 金奖 + A 级

丝滑露清凉洗发宝 = 洗发护发 + 保健

上述两例广告文案借助数学公式中"A=B"的模式，突出了电冰箱和洗发宝这两样产品的特色功能，效果极其突出。

◆ **符号体**

符号体广告文案通常将科学技术符号视为产品广告的亮点，并以此来展现产品先进的技术参数与特色的功能服务。例如下面这则美国康柏牌电脑的部分广告文案：

"ProSignia VS 还具有一般台式电脑没有的防错功能，秘密在特选的 Insight Manager21 网络管理软件，Proliant 储存系统及能支持 RAID Levels 0,1,4,5 的 SMART SCSI 陈列控制器……ProSight VS 还配备高达 128MB 的内存容量，更可选配 256KB 的高速缓冲，应付任何复杂软件，依然绰绰有余。"

这则广告文案中所使用的"128MB"与"256KB"等信息符号，都是电脑特有的科学技术参数，通过使用这些特殊的参数符号，更能突出此品牌电脑的杰出功能，达到吸引消费者的目的。

符号体广告文案的另一种妙用

你知道吗？符号体广告文案还有另一种妙用，此时符号体文案执行的不再是阐述广告产品参数的任务，而是作为一种创意工具，使消费者对广告本身产生兴趣的同时引发消费者对广告产品的关注。我们不妨看看下面"联想1+1电脑"的广告文案：

"1+1的新算法：

服务加（＋）法：保修期由一年延长至二年。

价格减（－）法：联想1+1家用电脑持学生证特价销售。

收获乘（×）法：娱乐、教育功能齐全，自然效果倍增。

烦恼除（÷）法：工作效率高，孩子成绩好，自然除烦恼。"

这则文案中出现"＋""－""×""÷"符号的目的并不是要表现电脑自身的技术参数，而是通过使用这些一目了然的数学符号，提升广告的创意性，使消费者在感受广告巧妙创意的同时引发消费者对此款电脑产品的关注。

1.5.3 表格体

表格体广告文案常常以简洁、醒目的特点来吸引消费者关注广告产品信息，进而激发其购买欲。这种广告文案体裁有两种表现形式：

第一种，以简单醒目的图表形式出现，产品信息在图表中一目了然。例如：

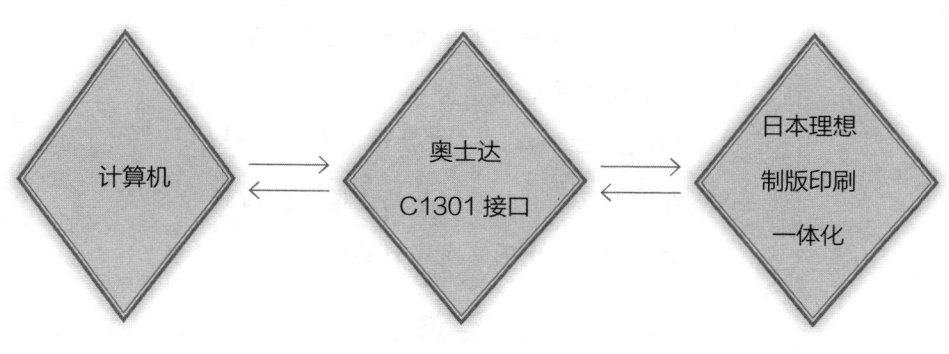

计算机 → 奥士达 C1301 接口 ← 日本理想 制版印刷 一体化

奥士达快速印刷

第二种，以分行罗列的形式出现，重点突出产品的历史信息，但不画图表，这类广告文案适合历史气息浓厚的广告产品。例如：

"全聚德烤鸭店

创立于 1864 年

传承宫廷挂炉烤鸭，享誉海内外

新中国成立以来，全聚德已接待 200 多个国家和地区的元首与政要

现在，全聚德 96 家店遍布全国

成为家庭宴请、朋友宴请、商务宴请的首选之地

宴请，就到全聚德"

——全聚德出品

【案例点击】

神奇的东方树叶

中国自古以来就有关于"茶"的历史，农夫山泉将自身打造的一款茶类饮品与中国传统的"茶历史"相结合，以颇具创意的表格体广告文案瞬间抓住了中国广大消费者的眼球。

"公元一二六七年，蒸清绿茶东渡日本

贞观十五年，红茶经茶马古道传往西域

十七世纪，中国乌龙风行英伦

"传统的中国茶，神奇的东方树叶"

——农夫山泉出品

　　农夫山泉这则创意精炼的表格体广告文案，虽未明确道出此类饮品的详细信息，但通过罗列我国各种"茶"的历史，向消费者传递了"此款茶类饮品是传统的中国茶"这样一个极具吸引力的信息，使消费者自然地联想到品茶时的口感与状态；再配上"神奇的东方树叶"这句颇具个性的广告语，更将茶的魅力形象地表现出来，瞬间激起了消费者的购买欲望。

1.6 玩转广告，你需要具备这些素养

想要玩转广告，一些基本的素养是必须要具备的，下面带你认识玩转广告必备的一些素质。

| 思想端正 | 博学多才 | 善于发现 |
| 心理健康 | 知识扎实 | 创意十足 |

玩转广告需要具备的几大素养

1.6.1 思想端正，心理健康

想要真正玩转广告，做一名合格的广告文案策划人员，必须要具备的素养之一便是思想端正，心理健康。

思想端正的广告文案人员，能够客观诚实地设计与撰写广告文案，有原则、有道德、有底线，拒绝撰写欺瞒广大消费者的广告文案，追求广告文案的实事求是。由于广告文案的创作过程艰苦、孤独、压力较大、责任较重，因此广告文案的从业者还需要拥有健康乐观的心态、孤军奋战的勇气、强大的抗压性与高度的责任感和使命感。

广而告之

克劳德·霍普金斯的经典语录

克劳德·霍普金斯是美国广告史上极为著名的广告文案创作大师，他所创作出来的广告文案，曾令许多产品销量暴增，他对广告文案与文学之间差别的探讨与研究，使广告学更加具有科学性。他也因此被人们称作"现代广告之父"。他的经典语录十分丰富，值得每位广告文案创作者借鉴与阅读。例如：

"坦诚、客观与充满理智的诚实，是一个专业广告人必备的素质。"

"第一个指出的是先驱，其他后来的都是模仿。"

"无论是过分修饰的人还是过分修饰的广告都不好。"

"一个推销员的失误并不会带来太大的损失，而一个广告人的失误造成的损失可能是上千倍的。因此，广告人要更小心，更精确。"

1.6.2 博学多才，知识扎实

想要成为一名优秀的广告策划人员，我们除了要具备端正的思想和健康的心理之外，还要博学多才，拥有扎实的专业知识。

其中，扎实的专业知识包括广告学知识、广告策划知识、广告设计知识以及广告文案知识等。广告人杰出代表詹姆斯·韦伯·扬曾将广告专业知识分为七大类别，包括陈述主张的知识、市场知识、信息知识、媒介传播知识、交易通路知识、判断广告是否生效的知识、特定情况的广告知识。掌握这些专业的广告知识，能帮助我们精准定位目标消费群体、撰写贴合产品主张的广告文案、优选广告传播媒介、拓展广告宣传渠道、及时断定广告的生效程度。此外，广告文案人员还应当掌握一些有关心理学和社会学等方面的基础知识，以便更透彻地分析广告受众的消费心理、做好广告产品的利益承诺，赢取消费者的信任。学无止境，扎实的广告专业知识与广阔的心理学、社会学知识是每位广告从业者应当具备的重要素养之一，更是玩转广告、创作经典广告的必备素养之一。

1.6.3 善于发现，创意十足

一则爆红的广告可以瞬间打开广告商品的销售市场，而这一切都离不开广告文案创作者那双善于发现的眼睛和头脑中创意十足的新奇想法。

想要练就一双善于发现的慧眼，我们不妨换位思考，真正置身于广告受众的立场之中，深入了解广告产品的目标受众究竟喜欢观看何种类型、何种表现方式的广告，认真思考究竟什么样的广告最能吸引这些目标受众，在弄清楚这些问题之后，相信创作何种类型的广告文案，或者选用何种广告文案的表现方式，我们自然就能做到心中有数了。

想要让头脑中时时刻刻充斥着数不清的新奇想法，撰写出创意十足的广告文案，就必须要培养自己的创新思维能力、形象思维能力以及抽象思维能力，这是我们从优秀广告文案创作者身上一定能看到的能力。那些卓越的广告文案创作人，往往敏于观察、独具匠心、想象奇特，能看到别人看不到的东西，想出别人未曾想过的点子。因此，细心观察、认真思考、大胆想象、勇于实践，不断培养自己各方面的思维能力，这也是我们成为优秀广告文案创作者的一条必经之路。

学以致用

根据你对广告的理解,能不能自己尝试着创作一则广告呢?假如现在需要你为某品牌的矿泉水设计一则电视广告,要求符合广告定义且广告文案结构完整,并能体现出1~2个典型的广告特征,你会如何设计呢?

第 2 章 厚积薄发：广告创作的必要积累

众所周知，一则爆火的广告能瞬间培养出大量的潜在消费者，也能让一个企业的品牌形象深深刻印在观众头脑之中。可见，优秀广告的宣传作用及其影响力是多么强大。

那么，究竟要怎样做才能创作出堪称经典的广告呢？在正式创作广告文案之前，应当做好哪些必要积累，掌握哪些必要信息和广告创作原则，了解哪些广告诉求方法，才能让我们厚积薄发，一气呵成，创作出优秀的产品宣传广告呢？下面我们就共同走进广告文案的世界，一起来探寻一下创作广告前所必须积累的几大要素吧！

2.1 有的放矢：找准广告定位

进行广告创作，首先要做到有的放矢，也就是找准广告定位，具体要做到以下两点：

广告创作做到有的放矢

广告对象定位

广告策略定位

广告创作的定位

2.1.1 广告对象定位

广告对象主要指广告信息所针对的目标消费者，这些消费者往往隐藏在所有接触到广告信息的受众之中。一般来说，根据广告受众的年龄差异，我们可以将广告对象分为六大类，即幼儿对象、少儿对象、青少年对象、青年对象、中年对象和老年对象。

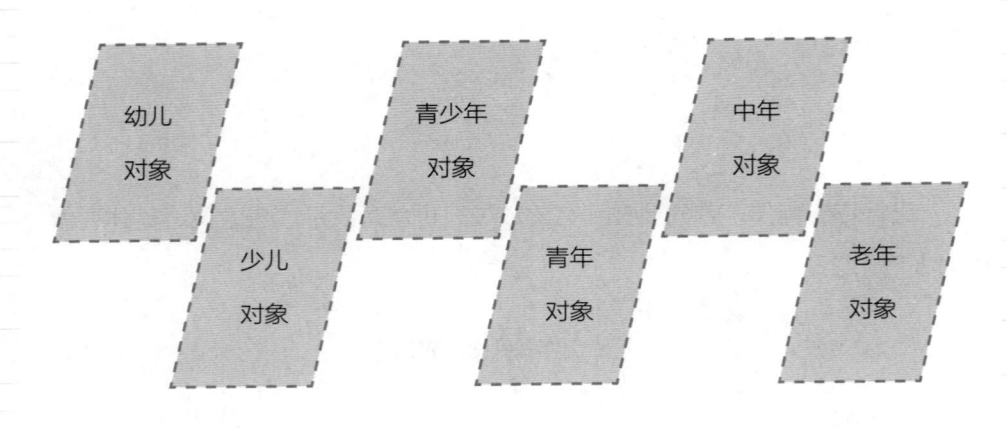

幼儿对象　少儿对象　青少年对象　青年对象　中年对象　老年对象

广告对象定位

◆ **幼儿与少儿对象**

幼儿对象指 0～5 岁左右的儿童。幼儿是一个家庭中的宠儿，父母不仅关注幼儿的成长，还注重幼儿的穿衣打扮。因此，在创作以幼儿为目标对象的广告文案时，应重点突出幼儿广告产品的功能与特色，如补充儿童营养、开发儿童智力等。

少儿对象指 6~12 岁左右的儿童。这些少儿对象已经彻底摆脱了幼儿时期的被动参与状态，更愿意在家庭中扮演主动积极的好孩子角色，学校逐渐成为这些少儿对象的生活中心，伙伴朋友的群体影响力开始逐渐发挥作用，使少儿对象的从众心理愈加明显。因此，以少儿作为目标对象的广告文案创作可以抓住少儿对象的从众心理，与少儿明星展开合作，请少儿明星为广告产品代言，以吸引广大少儿对象关注广告产品信息。

◆ **青少年与青年对象**

青少年对象指 13~17 岁左右的孩子。处于这个年龄阶段的孩子正面临着生理方面与心理方面发育迅速的"青春期"阶段，易受外界的影响，产生追求美与注重外在形式的心理。但是由于人生阅历和经验不足，导致其特别崇拜一些光鲜亮丽的名人和成功人士，因此这些青少年对象也极易成为"追星族"。对此，以青少年作为目标对象的广告，应注重互联网广告、电视广告等新型广告文案的创作与宣传，必要时可以与一些优秀的明星艺人合作，请求他们参演广告短片并为产品代言，以充分发挥明星代言的优势，吸引青少年对象的注意。

青年对象指 18~35 岁左右的年轻人。青年对象大多身体强健、精力极佳，风华正茂，主要分为两大类，即未婚青年和已婚青年。以未婚青年为目标对象时，广告创作应重点考虑其渴望学业进步、事业起步、爱情甜蜜的需求心理，积极创作与时尚、潮流、娱乐、网红美食以及婚庆用品有关的广告文案。以已婚青年为目标对象时，广告创作则应重点考虑其渴望追求生活品质和得到相关群体认同的消费心理，积极创作与休闲、娱乐、育儿、居家、理财等有关的广告文案。

◆ 中年和老年对象

中年对象主要指 36～55 岁左右的中年群体。一个人成长到中年，其家庭与事业均小有成就，因此以中年群体作为目标对象进行广告文案创作时，应重点考虑其对理财管理、改善住房、居家生活、孩子教育、更年期保养等方面的实际消费需求，以理性诉求的方式创作广告文案，力争在广告阐述时做到逻辑严谨、有理有据。

老年对象主要指 56 岁以上的老年群体。当一个人成长到老年阶段时，他们大多事业有成、儿女成人，家庭与工作重担逐渐减轻。因此，以老年群体为目标对象进行广告文案创作时，应尊重其多年来形成的消费心理，瞄准他们渴望休闲养生、健身保健、老友相聚的消费需求，创作简单、易懂、真诚、朴实的广告文案。

【案例点击】

立白洗洁精，不伤手，无残留

立白企业集团可谓是我国日化用品的知名企业之一，旗下经营的产品范围极广，如衣物洗涤、餐具清洗、头发护理、家居清洁等。2005 年，立白洗洁精将已婚青年女性与中年妇女作为主要目标对象，根据其渴望追求生活品质和人皆爱美的心理需求，在保证自身产品质量的基础上，打出了"不伤手，无残留"这样短小精炼的广告标语,俘获了一大批主妇们的芳心,甚至一跃成为当时市场占有率较高的重要品牌之一。

　　立白洗洁精的成功并非偶然,而是建立在对消费对象的精准定位和品质保障的基础之上,以诚信为本,实事求是,尊重目标消费对象的心理需求,避免那些夸大洗洁精作用的陈词滥调,打出"不伤手,无残留"的宣传标语,迎合了目标消费对象"入得厨房,出得厅堂"的心理需求,并因此取得了傲人的销售业绩。

2.1.2 广告策略定位

　　广告策略指根据消费者的实际需求,寻找竞争力强或差异化明显的品牌特点,通过多元化的信息传播手段,树立品牌形象,提升品牌竞争力,进而打开广告产品的市场销路。一般来说,广告策略定位大致可以分为文化历史定位、受众心理定位、角色定位及实体定位四大类。

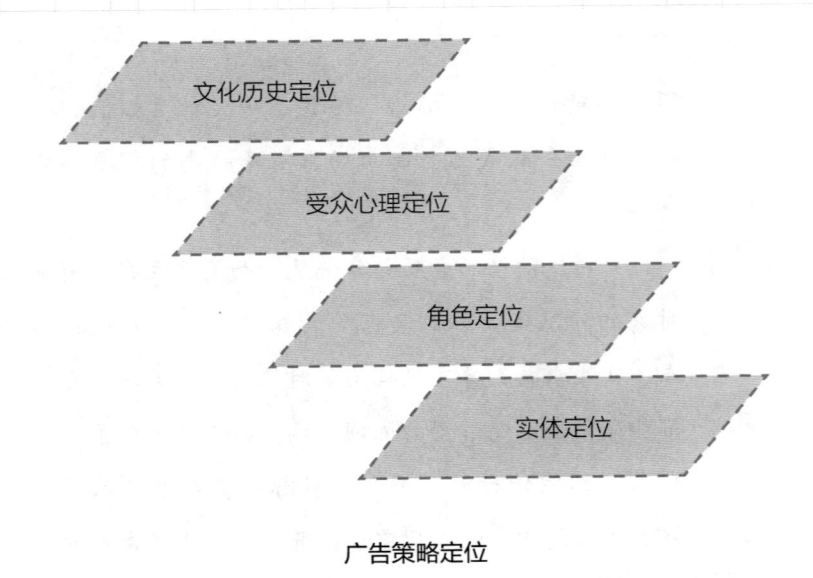

```
        文化历史定位

            受众心理定位

                角色定位

                    实体定位
```

广告策略定位

◆ **文化历史定位**

文化历史定位指通过赋予广告产品文化内涵或挖掘广告产品悠久历史等手段，将产品的文化内涵或悠久历史在广告中突显出来，以达到吸引广大消费者的目的，特别是那些高文化水平的受众或历史爱好者，更是这类广告产品的重要目标对象。例如，有着悠久历史的中华老字号同仁堂品牌，在宣传同仁堂阿胶时就运用了文化历史定位这一典型的广告策略，打出了"同修仁德，胶美动人"的广告口号，吸引了一大批消费者前来购买。

◆ **受众心理定位**

受众心理定位指将消费者的实际心理需求作为广告文案创作的定位内容，广告以突出目标对象的消费心理或消费需求为主，目的是使消费者在购买产品的同时还能得到心理情感需求上的满足。例如，好丽友系列的零食，抓住了孩子愿意结交好朋友的心理，打出了"好丽友，好朋友"的广告语，配合孩子们共同分享好丽友食品的和谐画面，更激起了目标受众渴望购买这一品牌零食并与好朋友一同分享的欲望。

◆ **角色定位**

角色定位主要指通过对广告品牌在市场上的地位与实力等情况的分析，给广告品牌设定一个新角色，以此来更新广告受众的消费理念，进而引起广大消费者的注意。角色定位一般可以分为强势型角色定位、跟进型角色定位、避让型角色定位、逆向型角色定位、进攻型角色定位五大类。

强势型角色定位，即广告品牌实力雄厚，常以高高在上的角色姿态面对同行业的竞争者，例如施乐的"复印机王国"。跟进型角色定位指紧紧跟在同行业中龙头品牌的身后，利用名气较大的竞争者声誉来引起消费者对广告品牌的同情与关注。避让型角色定位指避开同行竞争者的锋芒，而扮演一个从侧面与其进行迂回竞争的角色。逆向型角色定位指利用反向思维来突出广告品牌的特点，并塑造一个与同行竞争者大相径庭的品牌角色以吸引消费者的关注。进攻型角色定位指抓住竞争者的弱点，塑造一个主动向其进攻的角色，以己优点比敌缺点，最终吸引消费者选择己方品牌的产品。

◆ **实体定位**

一般说来，在进行广告文案创作时，凡是依靠广告产品所具备的品质、质量、造型、色彩以及价格、商标、利益等方面所进行的定位，都属于实体定位策略。实体定位策略的目的是使消费者明确广告产品与市场上同类产品的不同之处，进而加深消费者对广告产品乃至整个广告品牌的印象。美国广告之父克劳德·霍普金斯提出的"预先占用权"策略，就属于这种实体策略定位。

广而告之

预先占用权

美国广告之父克劳德·霍普金斯曾在他的《我的广告生涯·科学的广告》一书中提出过"预先占用权"策略。预先占用权指"在一个行业中，如果谁先提出了整个行业中存在的极为普遍的产品特点，并公开宣布首先拥有它，那么谁就算是占有了它"，简言之，就是"一份广告应当只围绕唯一的产品销售要点来进行创作"，这便是预先占用权。

例如，霍普金斯在为喜力滋品牌的啤酒创作广告时，将着眼点放在了"用蒸汽消毒啤酒瓶"这一行业内极为普遍的消毒方法上，写出了"我们的瓶子真是用蒸汽来清洗的！"这样一则经典的广告语，并取得了良好的效果。当客户向他请教这么写广告的原因时，他回答，"重要的不是我们实际中怎么清洗瓶子的，而是要在广告中告诉大家我们是怎么清洗瓶子的"。

2.2 立足基础：不得不知的广告创作原则

广告创作固然需要突破传统，大胆创新，但也并非随意进行，而是要遵循一些基本原则。下面就介绍几种广告创作中必须要知道的几项基本原则。

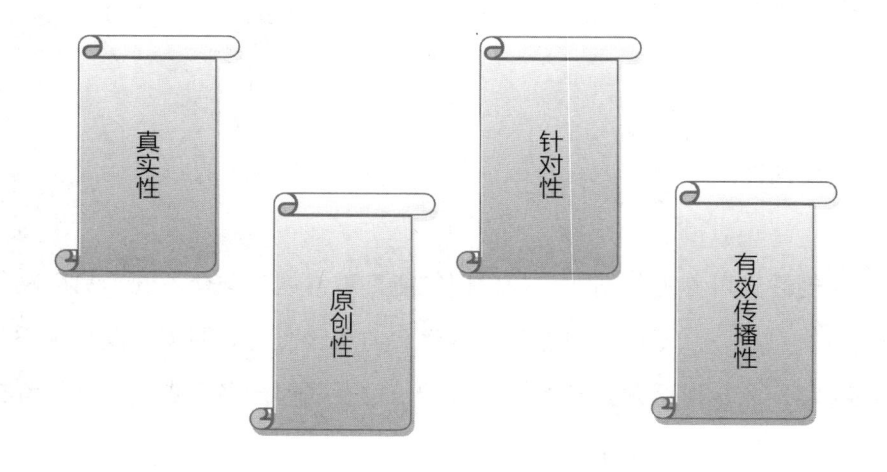

真实性

原创性

针对性

有效传播性

广告创作原则

2.2.1 真实性与原创性

◆ **真实性**

真实性堪称广告文案创作的首要原则，也是一则广告能否长久受用的力量所在。广告文案能够直接与广大受众产生联系，直接与广告品牌的目标对象进行对话，如果违背了广告文案的真实性原则，虚假宣传，必然会造成广告的失真，最终丧失广告品牌的可信度，害人害己。

在广告文案的创作过程中遵循真实性原则，最应当做的便是确保广告中所宣传的相关产品与服务信息真实有效，如产品的质量、功能、价格、服务等，都必须符合企业品牌和广告产品的实际情况。广告文案创作者在创作广告时应详细地研究广告主所提供的产品材料与产品功能，坚决拒绝张冠李戴。此外，在广告文案中所使用的数据和统计资料等与产品质量和功能相关的信息也应力求准确，最好能够标明这些数据和统计资料的来源与出处。

◆ **原创性**

原创性又可称为独创性，是指创作能打破常规、与众不同、另辟蹊径的广告文案，以赋予广告更加独特的生命力与吸引力。原创性既是优秀广告文案创作人员所必须具备的自身素质，也是任何一名广告文案创作者在构思与设计广告时应当谨记的创作原则之一。

在广告文案的创作过程中遵循原创性原则，不仅应注重广告信息传播形式的原创性,也要重视广告信息内容的原创性,争取做到双管齐下,以实现形式与内容的双原创。此外,在进行广告文案创作时,我们还要注意把握广告形式与广告内容之间的关系,既不能过分夸大广告形式的作用,也不能只重视广告文案内容的研究与撰写而忽视表现内容的广告形式。我们可以在认真研究与分析广告主给我们的原始产品资料与数据后,挖掘产品所蕴含的独特性,创作出独属于广告产品特点的文案内容,再配以与之相契合的广告表现形式,相信定能发挥"1+1 > 2"的功效。

【案例点击】

欧莱雅,Men Expert

众所周知,化妆品行业的目标消费对象一向是广大女性,但在法国欧莱雅品牌进入中国化妆品市场并站稳脚跟后,他们却并未止步于此,而把目光放在了中国男性护肤品市场这块宝藏大陆上。该品牌负责人在研究分析后发现,在中国男性传统的消费观念中,大部分男性一般不会主动关注护肤品,更不会去主动购买护肤品。

为了更新广大男性消费者的观念,欧莱雅品牌另辟蹊径,拍摄了一则独特的宣传男性护肤品的原创广告。广告并不是从"美"的角度号召男性消费者选择

> 护肤品，而是从"为了适应繁忙的生活节奏，不允许自己脸色疲倦"的角度来进行宣传，并配了"创新科技，针对每位男士量身定做"的字幕。这则原创广告最终取得了良好的宣传效果，帮助欧莱雅品牌成功地打开了中国男性护肤品的市场。

2.2.2 针对性与有效传播性

◆ **针对性**

针对性原则是指广告文案创作必须具有明确的针对目标，能够做到对症下药。一般来说，针对性原则所针对的目标对象主要包括消费者、广告产品特点与服务特征、同行业竞争者、特定事件以及特殊节日等。

在广告文案的创作过程中遵循针对性原则，我们不仅要找出广告产品与目标消费者之间的相关性，还要让消费者相信广告中所宣传的产品正是他们在生活、工作、学习中所需要的东西。这就需要我们在实际创作时，有针对性地调查广告目标对象的特点，如年龄、民族、职业、爱好、购买力、消费习惯等，并根据目标对象的实际情况，推出有针对性的宣传广告。

例如，20世纪90年代，百事可乐将品牌形象定位为"新生代可乐"，将广告的目标消费者定位为年轻一代。百事可乐在不同国家进行广告宣传时，就遵循了针对性原则。针对当时中美两国年轻人追求潮流、热爱音乐的特点，百事可乐在美国花费500万美元聘请了当时流行乐坛的巨星迈克尔·杰克逊作为品牌代言人；在中国，百事可乐也重金邀请了华语乐坛的一些顶级音乐巨星作为品牌代言人，均收到了良好的广告宣传效果。

◆ 有效传播性

有效传播性原则指广告作品的传播能够达到广告的预期传播目的，简言之就是"不仅能提高广告产品的实际销量，还能转变目标消费者对待该广告产品的消费态度，并建立起对整个企业品牌的信赖感与忠诚度"。一则广告是否符合有效传播原则，可以从传播目的与销售目的这两个方面来看。广告传播目的指广告作品通过媒介传播后，能够在众多广告信息中吸引目标受众，使其顺利接收广告产品信息并对这些信息产生兴趣；广告销售目的则指广告作品通过媒介传播后，能够使广告产品的实际销量实现不同程度的提高。

在广告文案的创作过程中遵循有效传播性原则，我们应当关注的除了广告创作者的必备素质、目标消费者、市场竞争者等方面之外，还应当掌握广告传播过程中所涉及的各类媒体特性，做到根据不同类型的广告传播媒体，创作最适合所使用的传播媒体特点的广告文案。一般说来，根据人们对各大媒体的使用情况，我们可以将广告传播的媒体分为主体媒体（如报纸、广播、电视、互联网官方媒体等）、非主体媒体（如户内外广告、海报、灯牌等）以及新型媒体（如公众号媒体平台、微博平台，以及抖音、快手等短视频平台）三大类。

面对主体媒体，我们在创作广告文案时，要先明确主体媒体的种类，再对症下药，如创作报纸媒体的广告文案，可以侧重于语言风格、文字表现风格以及塑造高雅的品牌形象等。若创作电视媒体的广告文案，则要将侧重点放在证明型或示范型等能突出表现直觉的内容撰写上。面对非主体媒体，如户外广告媒体，可以将广告产品的典型特点与企业的品牌形象结合起来进行展现，以此来进一步加深广大消费者对企业品牌的印象。面对新型媒体，可以创作故事型、图标型、弹出型、搞笑型以及动态型等个性鲜明的广告文案，以提升依附于互联网的第三方媒体广告的吸引力，最终达到广告信息的有效传播目的。

广而告之

广告文案六大问

为了创作出符合各类媒体特点的广告文案，并符合有效传播原则，广告人员应在创作前弄清以下这六大问题。

问题一：广告文案会通过什么样的传播媒体与目标受众交流？

问题二：这类广告传播媒体存在什么样的优势与弱点？

问题三：广告文案中的产品信息是否能借助广

告媒体的优势而得到更为广泛的传播？

问题四：这类广告媒体的传播优势对广告文案的语言风格、逻辑顺序以及表现风格等方面提出了怎样的要求？

问题五：这类广告媒体的弱点对广告文案的语言风格、逻辑顺序以及表现风格等方面有哪些限制？

问题六：怎样做才能让广告文案与广告媒体默契配合，从而避开广告媒体的弱点，将广告媒体的传播优势完美地发挥出来？

2.3 有备而战：文案创作前的准备工作

文案创作不仅要遵循基本的原则，还要做到有备而战，也就是要做好前期准备。具体来说，文案创作前的准备工作包含两个方面，一是做好广告调研工作，二是进行广告文案构思。

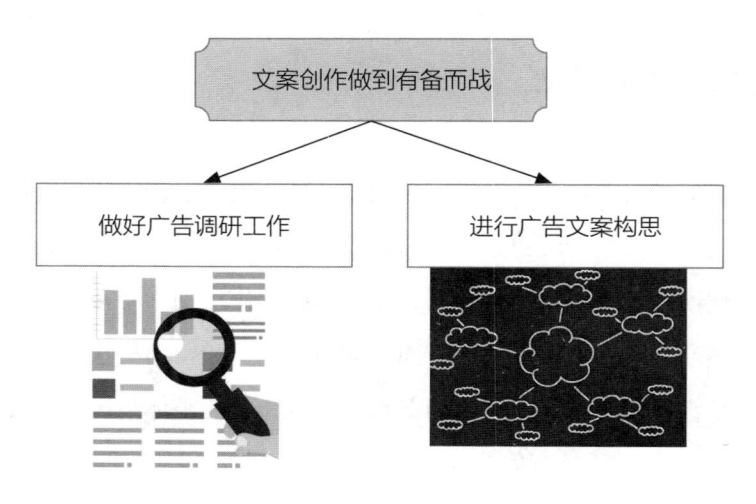

文案创作前的准备工作

2.3.1 做好广告调研工作

◆ **广告调研有多重要**

广告文案创作的最终目的就是有效传递广告产品或服务的信息。对于广告调研的重要性，一位著名的广告创作者曾经幽默地调侃道："广告文案是用脚写出来的。"实际上，这位广告创作者的幽默调侃不无道理，因为广告调研工作能够帮助广告创作者有效、全面、细致地掌握目标消费对象过去与现在的消费情况，并预估出这些目标消费者未来的消费趋势。此外，广告调研工作还能够帮助广告创作者了解目标消费群体的心理需求，并以此为依据帮助广告创作者深入挖掘目标影响消费对象购买动机与购买行为的因素，进而为自己的广告创作提供新的创意点，最终使自己的广告作品达到预期目的。

◆ **广告调研该如何做**

想要做好广告调研工作，最重要的就是要明确广告调研的主要内容。由于近些年广告同质化的现象逐渐加重，当前的消费市场更为复杂，我们只有在广告调研阶段掌握更详尽的资料，才有机会创作出别出心裁的创意广告文案。广告调研内容主要涉及两大方面，即市场调研和行为科学调研。市场调研内容主要涉及广告产品本身、当前市场状况、企业整体情况、消费者现状以及同行业竞争对手情况等方面。行为科学调研内容则主要涉及人类学调研、社会学调研以及心理学调研等方面。

在进行市场调研时，由于广告产品本身的信息是广告文案创作的第一手资料，因此我们可以重点调查产品质量、功能、产地、原材料、服务特点、有效期限以及产品生命周期等方面的资料，力争掌握有关产品本身最全面的信息。在开展行为科学调研工作时，如果目标消费对象并不局限于某个单一的国家，则可先进行人类学与社会学市场调研，因为不管在地域、文化等方面各国存在多大的差异，作为社会性极强的人类，在服饰、饮食、居住、出行、社交等方面也依然存在着共同的行为需求，只有掌握各个国家目标消费者在上述这些方面的人类学与社会学资料，才能做到宏观把握、对症下药，创作出吸引全球目标消费对象的国际性品牌广告。当然，我们在开展行为科学调研工作时也不能忽视心理学调研，此时要将调研的着眼点放在目标消费者的购买动机和心理需求这两大方面上，深入挖掘目标对象的消费心理，这样才能以此为基础创作出更能激发消费者购买欲望的优秀广告文案。

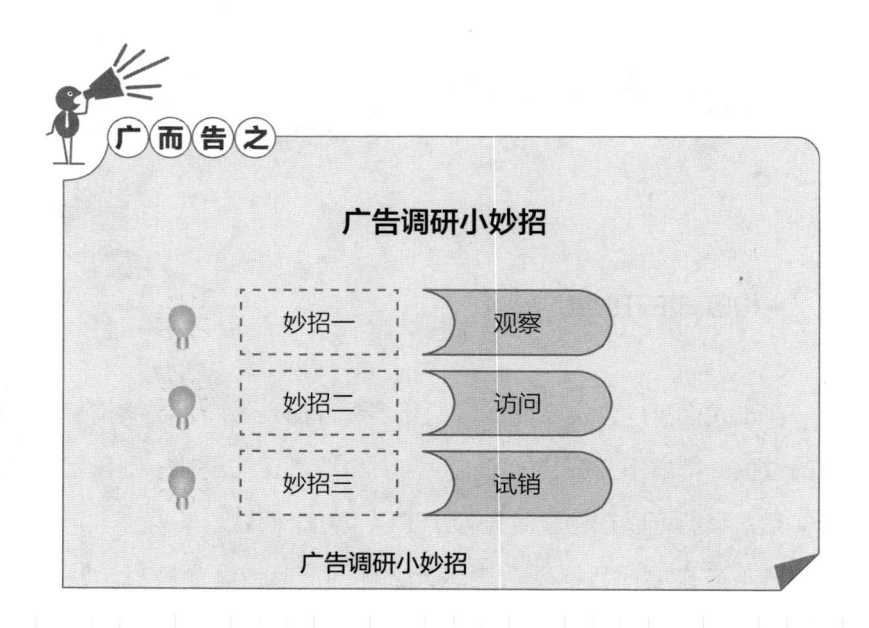

广而告之

广告调研小妙招

- 妙招一 —— 观察
- 妙招二 —— 访问
- 妙招三 —— 试销

广告调研小妙招

> 妙招一：观察。调研员在调研前先确定调研对象、调研内容、调研目的，再到目标场所现场进行观察与记录，如新产品展销会、新产品演示会等。
>
> 妙招二：访问。直接访问被调研者，并在短时间内获取大量调研资料。访问分三种方法，即亲自走访、电话访问、网络邮件访问。
>
> 妙招三：试销。调查员将产品的试用装免费投放在小范围的目标市场，从中观察目标消费者对试用装的反馈情况，以获取消费者对产品评价的第一手资料。

2.3.2 进行广告文案构思

◆ 构思离不开创意

在正式撰写广告文案前，我们还要进行深入的广告文案构思，而整个构思的过程，都离不开广告创意的参与。想要真正构思好一则极富创意性的广告文案，我们可以在构思时先弄清楚以下几个问题。

（1）广告要向目标受众表达什么样的产品或者品牌概念？怎样进行创

意构思来表达这种概念？

（2）在广告文案中表现创意时是否存在特别需要注意的内容（如运用名人形象、知名卡通形象等）？如果广告主明确会与某名人形象合作，那么该如何调整广告文案写作的语言风格、表现特征等，才能使整个广告文案与名人形象之间达到完美的契合与统一？

（3）广告文案在头脑中有没有形成一个大致的雏形，如选用何种标题、语言风格及语言排列来突出广告的原创性？正文应当表现出哪些广告信息？这些广告信息该选用何种表达次序？选择长文表达还是短文表达？若选用长文表达，是否要使用小标题形式？小标题大致分为哪几个？……

（4）能否在创意构思的基础上，发挥语言文字独有的特殊性，利用创意性广告表现形式，将广告所要传递的品牌信息进一步植入目标受众头脑中，并以此提升用户对品牌的忠诚度？

构思离不开创意，在构思时结合广告创意，能帮助我们更加清晰地理清思路，进而为广告文案的正式写作奠定一个良好的基础。

◆ **构思更需要方法**

广告构思不是毫无方法的胡思乱想，它也有许多事半功倍的小方法，如直觉构思法、头脑风暴法、联想构思法、反向构思法等。

直觉构思法就是在构思时以广告创意为中心，将广告产品的信息向目标受众进行最为直接的表达，采取这种构思方法能帮助广告人更轻松地写作广告文案，适用于那些广告信息本身就足以吸引目标受众的广告产品。

头脑风暴法就是将相关广告文案创作者集中起来，发挥团队优势，共同进行讨论与思考，最后选取或整合出一种独特的广告文案风格与文案表达方式。

联想构思法是指利用联想能力来进行广告文案构思的一种方法，这种构思方法又可以分成三种联想方式，接近联想（通过一个意象，在头脑中联想出一个在时间与空间上都与它极为接近的意象，并选用这个接近的意象来表现与传递广告信息）、相似联想（通过一个意象，在头脑中联想出另一个与之极为相似的意象，并选用这个相似的意象来表现与传递广告信息）、对比联想（通过一个意象，在头脑中联想出另一个与之相对立的意象，并选用这个对立意象来表现与传递广告信息）。

反向构思法就是打破常规，反向思考，推陈出新，反方向构思来撰写广告文案，并以此来传递与表达广告产品信息。这种构思方法对广告文案的语言风格和文字表达有着较高的要求，偶尔使用也会产生令人意想不到的效果。

【案例点击】

"不是所有牛奶都叫特仑苏"

随着牛奶产品市场同质化现象逐渐加重，各品牌牛奶类产品很难在消费者中拉开差距，想要脱颖而出，在保证质量的前提下，必须要再次挖掘牛奶品牌的独特性，打造更令人印象深刻的品牌形象。

蒙牛乳业为了重新打造牛奶品牌形象，推出了一款特仑苏牛奶。在策划广告文案时，广告人根据特仑苏牛奶独特的品质来源（北纬40度核心乳区，精选奶牛与牧草、科学管理、专线生产等），使用了联想构思法，用特仑苏意象来代替高品质的纯牛奶，打出了"不是所有牛奶都叫特仑苏"的经典广告语，瞬间使市场上一大批消费者对特仑苏牛奶产生了兴趣。而在这些消费者详细了解特仑苏牛奶高品质的来源后，也都纷纷成为这一品牌牛奶的忠实粉丝。特仑苏牛奶也因此在种类繁多的牛奶产品市场上脱颖而出，成为众所周知的一大牛奶品牌。

2.4 投其所好:不同的广告诉求方法

广告诉求指通过利用多种途径,将广告品牌形象或广告产品信息清晰地传递给目标消费者,使其受到广告产品功能的感染,认同广告产品所承诺的服务与功能,进而主动认可整个广告品牌的形象。常见的广告诉求方法有证言法、实证法、比较法、代言法以及情境诉求法等。

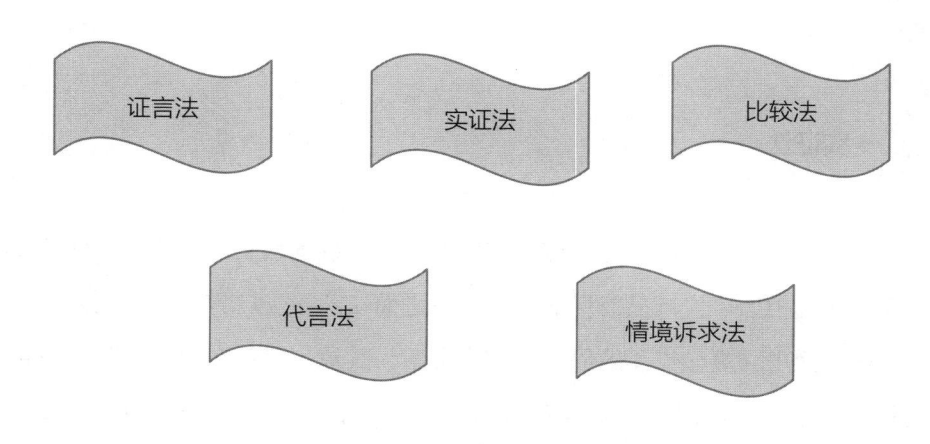

证言法　　实证法　　比较法

代言法　　情境诉求法

常见的几种广告诉求方法

2.4.1 证言法与实证法

◆ **证言法**

证言法是指利用使用过广告产品的消费者证言与感想来证明产品的优点，以此来引起其他目标消费者的认同与关注。想采用证言法广告诉求，广告创作者必须要做好前期的广告调研工作，掌握详细的广告产品资料，确定产品能够达到广告中所宣称的功效。例如，健身减肥中心常常使用证言式诉求广告，将顾客加入减肥中心前后身材变化的照片与感受展示给广告受众，以此来证实其效果。此外，对于未上市的广告产品，为保证产品的真实性，广告创作者可先在小范围征求免费试用者，待其试用后再记录其对广告产品的证言与感想。

◆ **实证法**

实证法指将广告产品的优点与特色通过文案或画面实际证明给目标消费者看，使其相信广告产品信息的真实性，进而认同接受广告产品。例如，一则宣称能让皮肤更显光泽的保湿剂广告文案，其重点应放在对保湿剂中所含成分的介绍上，如保湿剂中含有海藻提取物、维生素 E 等提亮物质，使用后能让皮肤更显光泽。

> **广而告之**
>
> ### 实证法广告诉求小妙招
>
> 妙招一：广告诉求的重点必须落在产品证明的中心处，做到有理有据，铿锵有力。
>
> 妙招二：实证的内容要保证逻辑清晰、简单易懂。
>
> 妙招三：证明时所使用的表现方式应力求创意，抓人眼球。
>
> 妙招四：实证时使用的表现手法要避免夸张或堆砌辞藻，应突显真诚，令人信服。
>
> 妙招五：拒绝虚假实证，坚决拒绝用虚假广告欺骗广大消费者。

2.4.2 比较法与代言法

◆ **比较法**

比较法是指通过分析本商品和其他商品之间的特点，寻找消费者对市场上同类商品的关注点，并以此为基础设计产品的广告，吸引消费者主动关注与购买本产品。例如，在一则宣传厨房强力清洁剂的广告中，使用者在满是油污的家用抽油烟机上喷洒强力清洁剂，轻轻擦拭后便露出了干净的抽油烟机，通过使用前后的鲜明对比，瞬间就将强力清洗剂的作用展现在消费者面前。

◆ 代言法

代言是指通过与社会名人（如明星、名流）或高影响力、高知名度的专业人士合作，让其在广告中向受众推荐某品牌的产品或介绍某品牌产品的特点、服务与功效，利用他们广泛的公众影响力，引起消费者对广告产品的关注。例如，百事可乐创立之初在进入美国饮品市场时，就花重金请了美国当红明星迈克尔·杰克逊做广告产品的代言人，最终获得了成功，如愿以偿地打开了美国饮品市场。

2.4.3 情境诉求法

情境诉求法是指通过设计一段带有故事情节的广告片段，将产品信息融入其中，使受众在关注故事情节的同时主动接收广告产品信息。情境诉求式广告大致分为三类，即生活片段式、剧情起伏式、虚构创意式。

生活片段式情境广告多以日常生活为题材，切入自然，广告中的人物并非以一个业务员的身份向受众推销产品，而是以闲话聊天的方式向受众透露产品信息，使消费者在一个自然放松的状态下接受广告产品信息。剧情起伏式情境广告多采用有戏剧张力的故事情节来带出广告产品信息，使受众因对跌宕起伏的剧情印象深刻而拉近与广告产品之间的距离。虚构创意式情境广告多以现实中绝对不会发生的情节为主，夸张离奇的广告情节搭配着创意十足的广告产品信息，很容易就加深了消费者对广告产品信息的印象。

【案例点击】

飞利浦电视，惊心动魄的家庭影院

飞利浦公司在为旗下一款21∶9液晶电视做网站广告宣传时，就利用了情境诉求法拍摄了一场关于抢劫的故事片段作为网站的首页展示。影片与一般的抢劫故事不同，网站上所展示的影片是静止的，好像激烈的抢劫动作在某一点达到极致时突然间被冻结了一样，随着电影镜头的缓慢移动，每一个抢劫细节都被无限放大，如子弹悬浮于半空中、一个警察被劫匪踹向窗户并将窗玻璃砸得粉碎、所有劫匪都身着小丑服装、天花板上小丑与警察的激烈对峙等。

惊心动魄的抢劫画面与现实中根本不可能发生的时间冻结现象巧妙结合，突出了飞利浦电视的家庭影院效果。网站允许观看者通过暂停故事情节来获取更多关于飞利浦电视的信息，而这些信息都是由影片中的人物角色来介绍的。独特的广告设计瞬间拉近了产品与观看者之间的距离，众多消费者纷纷主动点开飞利浦广告网站进行观看并接收产品信息，飞利浦品牌也因此深入人心。

学以致用

根据你对广告创作前必备知识的了解，能不能自己尝试着创作一则广告呢？假如现在需要你为某品牌的洗衣粉设计一则电视广告，要求使用1~2个广告诉求方法，并符合广告创作原则且广告定位准确，你会如何设计呢？

第3章 引爆文案：广告文案的撰写秘诀

俗话说："广告文案是广告的灵魂。"想要让自己创作出来的广告令人眼前一亮，过目难忘，就必须要正视广告灵魂，写好广告文案，排好广告版面，提升广告的视觉冲击力。

那么，在撰写广告文案的过程中，你知道该提出怎样的广告口号，才能先声夺人，口口相传吗？你知道选择什么风格的广告标题，才能抓人眼球，掌握制胜关键吗？你知道撰写何种类型的广告正文，才能称得上是妙笔生花、触动人心吗？在进行广告版式编排时，我们又该怎样做才能使其产生和谐悦目、别具匠心的效果呢？如果想让整则广告更具视觉冲击力，我们还要注意哪些方面才能起到画龙点睛的作用呢？下面，就让我们带着这些疑问，一起来探寻广告文案的撰写秘诀吧！

3.1 先声夺人:打造你的广告口号

广告要想先声夺人,就要打造一个响亮的广告口号。那么,该如何打造广告口号呢?不妨试试以下两种方法。

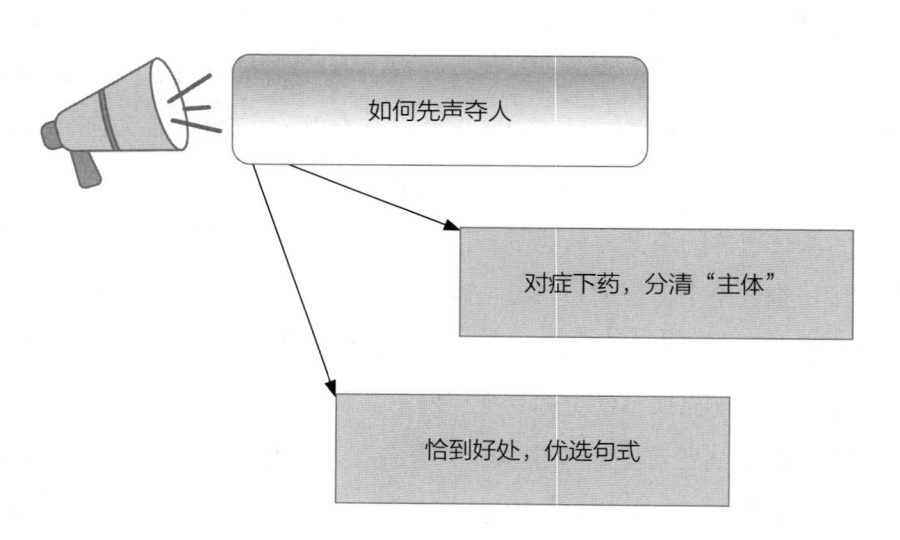

如何先声夺人

对症下药,分清"主体"

恰到好处,优选句式

打造广告口号的方法

3.1.1 对症下药，分清"主体"

所谓广告口号的"主体"，指的就是广告口号"表达主体"的类型，原始的广告口号表达主体只有"商品"这一种类型，但随着时代的发展和近些年营销体系的不断完善，企业逐渐确立了品牌竞争意识，广告宣传也从过去的单一商品宣传，转变为以企业品牌建设为核心的整体性、系统性宣传。在这种背景下，现代广告口号表达主体的类型大致可以分为企业主体、品牌主体和商品主体三大类，广告创作者应在分清广告口号表达主体的前提下，选择最契合表达主体诉求点的广告文案风格，才能对症下药，取得良效。

当表达主体的类型为企业时，广告口号的主要目的是向员工与社会传递整个企业的价值理念，凝聚员工的企业向心力，使消费者认同企业的社会价值观。在创作以企业为主体的广告口号时，要重点强调企业自身所奉行的价值观，避免直接体现出对目标客户的劝服意图，可以通过展现企业自身价值与形象的广告口号，引发企业目标客户的社会认同，以此来发挥广告的劝服作用。例如，"步步高，要做就做最好"。

当表达主体的类型为品牌时，广告口号的主要目的则是扩大品牌的影响范围，提升整个品牌的知名度与影响力。此时，广告创作者所创作的广告口号就不能只局限于一小部分目标客户，而应将眼光放在更为广泛的目标人群上，创作出概括性更强、更能展示品牌形象的广告口号，以此来先声夺人，吸引消费者主动关注这一广告品牌。例如，"科技以人为本，移动改变生活""联通四海心，传递中国结""温暖全世界，鄂尔多斯羊毛衫"等。

当表达主体的类型为商品时，其广告口号的主要目的就变成了专门激发目标消费者对广告产品的购买欲望，以此来提高广告产品的总销量。创作这种以商品为表达主体的广告口号时，应重点突出针对性，重视目标消费者的心理、情感及消费需求，从而找准目标客户的关键点，实现精准创作，如"妇炎洁，洗洗更健康""麦斯威尔咖啡，滴滴香浓，意犹未尽"等。

广而告之

扒一扒广告语的起源

广告语最早可以追溯到古代的招贴广告，如关于北宋时期《清明上河图》的记载。《清明上河图》中店铺林立，使用店招的店铺大多以姓氏或者经营的名牌产品作为店招，其中较清晰的有"刘家上色沉檀栋香……"

19世纪50年代，报纸与广告逐渐结合，其中有一条法则就是怎样在节约报纸版面费用的情况下，合理利用版面空间传递商品信息。为了节约成本，各生产商设计了一种刚好可以填满一行的单行文字，并反复使用，如"请使用萨普里奥香皂""皇家发酵粉——绝对纯正"等。这种单行文字在当时被称作"slogan"，也是最早的现代意义上的广告语。

3.1.2 恰到好处，优选句式

广告口号句式就是指广告口号的句型特征，一般可以分为单句式、对句式以及短句式三种类型。想让广告口号更易受到目标消费者的关注，我们在创作广告口号时就要选择好最佳口号句式。

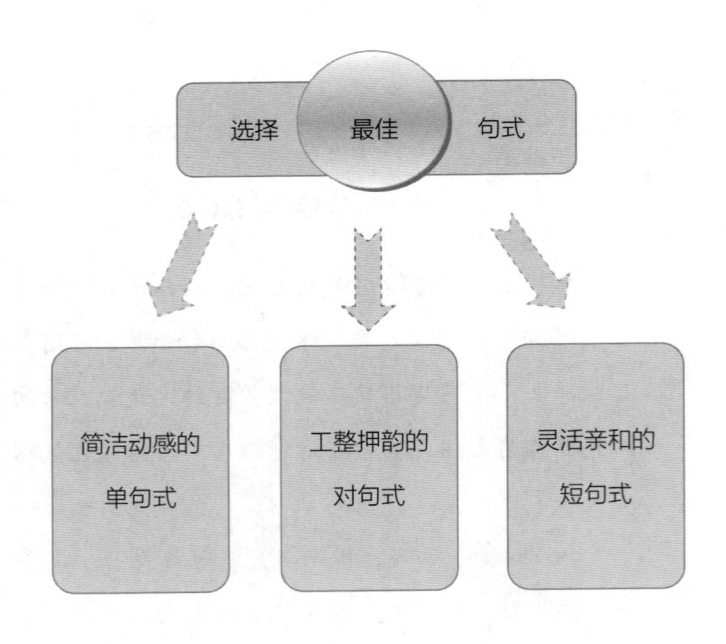

```
        选择    最佳    句式
          ↓      ↓      ↓
     ┌────────┬────────┬────────┐
     │简洁动感的│工整押韵的│灵活亲和的│
     │ 单句式  │ 对句式  │ 短句式  │
     └────────┴────────┴────────┘
```

广告口号的三大句式

单句式广告口号是大多数广告中常用的口号句型之一，它是由一个独立短句构成的句式，音节简洁、节奏感强、广告诉求直接、逻辑关系简单是单句式广告语的典型特点。例如，"我的地盘我做主""只给最爱的人""沟通从心开始"等。此外，为了进一步加强单句式广告口号的语义效果和语感节奏，我们可以在创作时巧用动词，利用动词所具有的动态特征来美化全句。例如，某家具店在开业之初设计了一条广告口号"家聚天下"，充分发挥了动词"聚"的动态化效果，瞬间扩大了整个广告口号的语义范围，既简练又生动。

对句是一种极为常见的汉语言句式，"两句一对"也是中国传统诗歌的基本特点之一。随着时代的发展，对句句式的限制逐渐放松，我们今天在广告口号中常见的对句句式，只保留了传统对句的一些基本特点，如句式整齐、字数大致相同、语言简洁、语义相对、使用韵脚等。在创作对句式的广告口号时，要重点关注两个对句之间的语义关系，如对立关系、因果关系、条件关系、递进关系等，这样才能使前后两个对句形成一个整体，便于人们记忆。例如，"药材好，药才好（因果关系）""神州行，我看行（条件关系）"等。此外，对句广告口号的创作还要考虑句子的语感问题，对句中的每个单句字数一般应限制在3～7字左右，并尽可能地使用韵脚，这样才能便于创作出语感联系更加密切的对句式广告口号。整齐对称的两个句子不仅易记，而且朗朗上口、更易传诵。例如，"一品黄山，天高云淡""透心凉，心飞扬"等。

短句式广告口号常常带着一种浓浓的西化特征，这种句式特点鲜明，句型完整灵活，逻辑关系清晰，节奏较平淡，诉求方式亲和，重视向目标受众传递舒缓平和、委婉含蓄的情绪。在创作短句式广告口号时，要注意委婉情绪的语言表达，多用虚词和关联词等词语，以突显短句结构的层次性和句子语义的含蓄性。例如，雪佛兰汽车的广告口号"没有到不了的地方，只有没到过的地方"、SK-II化妆品的广告口号"你在看我吗？你可以再靠近一点"等。

【案例点击】

牛奶香浓，丝般感受

1989年，美国玛氏公司将德芙巧克力推向中国市场，在为其做广告宣传时，提出了以"丝滑口感"为主要宣传点的广告策划方案，目的是调动目标消费者的身体感观，吸引目标消费者主动前来购买。

广告创作者在创作德芙巧克力广告口号时，几经思考，选用了对句式广告语，以4字为一个句子，突出前后句子间的条件性关系，创作出了"牛奶香浓，丝般感受"这样的广告语，意图向受众传达这样一种极具吸引力的信息，"每当尝到牛奶香浓的德芙巧克力时，它那丝滑般的口感定会让人极为享受，难以忘怀"。德芙巧克力的广告口号一经喊出，迅速引起了目标消费者的关注，德芙巧克力也因此打开了中国市场。

3.2 抓住眼球：标题是制胜的关键

3.2.1 见多识广，丰富多彩的标题类型

广告要做到抓人眼球，标题是关键。如何才能写出出奇制胜的标题呢？首先要了解丰富的标题类型，然后掌握标题的创作技巧。

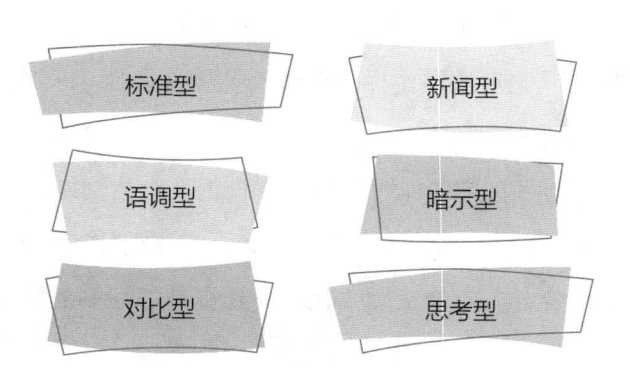

标准型　　新闻型

语调型　　暗示型

对比型　　思考型

丰富的广告标题类型

◆ **标准型与新闻型**

标准型广告标题有着平铺直叙、简练朴实、信息可靠等特点，可以被称为"宜事型"标题，如"中华牌牙膏""紫禁城牌羊毛衫"等。

新闻型广告标题有着简单明白、劲爆直接的特点，适宜刚刚发布的同系列新款产品，常常带有"新"或"最新"之类的字眼，如"专治肠胃弱的新药问世""您希望减少您的花费吗？BURMS 有新法"等。

◆ **语调型与暗示型**

语调型的广告标题常常会伴有比较明显的感叹词或感叹号，注重以情动人，也可以被称作"抒情型标题"或"祈求型标题"，如花王牌洗发乳的广告标题"你也试试看！"铁达时表的广告标题"不在乎天长地久，只在乎曾经拥有"。

暗示型广告标题大多婉转多义，属于间接性标题，也可以被叫作"寓意型"标题。这类广告标题可以分为直接暗示型标题和间接暗示型标题两种。直接暗示型标题通过直接暗示的方法，向受众表达主题与广告产品的好处。例如，"嘉士利薄饼真酥脆"，通过酥脆的口感直接向受众暗示嘉士利薄饼的美味，以此来激发目标受众的购买欲望，吸引其主动前来购买。间接暗示型标题则是不直接向目标受众点明广告的主体与宗旨，而是迂回地诱导其将注意力放在广告标题下方的广告正文上。例如，"今后 50 英里没有加油站"，这是某品牌汽车的广告标题，广告创作者通过撰写这种广告标题，暗示消费者在广告正文中就会找到没有加油站的原因，目的是吸引消费者关注广告标题下方的广告正文，以此来进一步在正文中向消费者传递广告产品的相关信息。

◆ 对比型与思考型

对比型广告标题多以含蓄对比为主，既不能指名道姓，更不能盛气凌人。例如，太古地产公司的广告标题"看楼看尽全港九，太古城更胜一筹"等。

思考型标题多以问句的形式出现，也可被称为"提问型标题"或"悬念型标题"，使用这种类型的广告标题应多以引起广告受众的兴趣为目的，吸引其主动接收广告正文所传递的广告信息。例如，某保险公司的广告标题"贵庚如何？"某面霜的广告标题"如何叫35岁的女士看起来更加年轻？"等。

广而告之

"广告标题"与"广告语"

在现代广告体系中，有时会出现广告语和广告标题相同的情况，但实际上，广告标题与广告语这二者之间是存在着较大差异的。具体差异如下：

差异一：作用不同。广告标题只是整个广告文案的题目，用来引起目标受众的注意；广告语的作用则是指导消费行为，加深消费者对品牌的印象，建立消费者的品牌观念。

差异二：表达不同。广告标题既可由一句话构成，也可以由一个词或词组构成；广告语必须是一句话。

> 差异三：变化不同。广告标题常在广告文案中出现，可以随时变化；广告语在同一系列产品的广告中长期、反复使用，一般不发生变化。
>
> 差异四：位置不同。广告标题一般出现在整则广告文案和印刷广告的前面，不可单独使用；广告语一般出现在整则广告文案的后面，也可反复出现在一则广告文案中，有时还可以单独使用。

3.2.2 抓人眼球，实用的标题创作技巧

◆ 紧扣主题

俗话说，"看报看题"，大部分视听受众在进行阅读时都会无意识地先看标题，然后再做出是否要继续阅读正文的决定。因此，在这个大多数视听受众无意识的习惯面前，广告创作者要做好两手准备，即在保证广告标题吸引力的前提下适当突出整则广告的主题，确保消费者在阅读标题时就对整则广告的主题信息有所了解，以此来避免因视听受众不读正文而错过广告产品主要信息的现象发生。例如MOTO手机刊登在报纸上的一则广告，其标题细心地分成了两大部分，"正题：MOTO折出惊喜；副题：彩信V500礼降340元！厚爱馈谢"，通过正副标题的形式，巧妙地避免了受众错失广告主要信息的问题。

◆ 顾客至上

顾客至上指在创作广告标题时，要将目标消费者的利益放在优先考虑的位置，使广告受众在阅读标题后瞬间被标题给予的利益承诺所吸引，促使其产生迫不及待阅读下方正文的欲望。例如，中国银行"理想之家"系列贷款的广告标题"想把产业做大？——中国银行个人抵（质）押循环贷款即日推出"。这则广告标题就很好地使用了顾客至上的广告标题创作技巧，先通过一个疑问句激发目标受众的好奇心，紧接着的解释更使消费者对银行推出的贷款业务信息产生了消费期待，进而使这些目标消费者迫不及待地阅读接下来的广告正文。

◆ 兴趣激发

兴趣激发指在创作广告标题时，要以激发广告受众的好奇心理与兴趣为主要目的，促使其在强烈的好奇心的驱动下，对广告正文产生主动阅读的欲望。一般说来，激发广告受众的好奇心理有两种途径，既可以从消费者利益点的角度来引发，如白丽香皂的广告标题"今年二十，明年十八"，也可以通过提高广告标题表现形式的创意性来激发消费者的兴趣，如新闻式标题形式等。此外，也可以利用反问标题的形式来激发消费者的兴趣，如某室内环保仪的广告标题"面对污染，就别无它法吗？"

◆ 简洁明快

简洁明快指在进行广告标题的创作时，要确保标题的表现形式简洁明快，尽量不使用字数太多、长度过长且出现关联词的句子，以此来避免出现广告受众因为怕累而选择放弃阅读的现象。此外，有些广告标题还肩负着"一题两用"的职责，既是广告标题，又是广告口号，这就更加需要创作语言通俗易懂、形式简洁明快的广告标题。例如，"葛朗台笑了！""IT 先生有喜了！"等。

【案例点击】

"想想还是小的好"

在 20 世纪 60 年代的美国的汽车市场上，多以销售大型车为主，大众品牌的甲壳虫车系根本无人问津。为了改变现状，使人们认识到小型汽车的优点，著名广告创作者威廉·伯恩巴克在创作广告时设计了一个简洁明快的广告标题，即"Think Small（想想还是小的好）"，吸引人们主动阅读接下来的广告正文。

此外，巴克还在正文中进一步强调了甲壳虫系列小型汽车的独特优势，如"低廉的价格、精湛的工艺设计、良好的操控感和安全性，最重要的是——油耗少"。这则广告不仅提高了甲壳虫汽车的销量，甚至转变了美国人的购车观念，创造了独特的"甲壳虫文化"——简约、独特、个性化与反物质世界，使整个甲壳虫系列的小汽车风靡世界 30 多年，全球销量突破 2500 万辆。

3.3 妙笔生花：写出触动人心的广告正文

3.3.1 拓宽眼界，掌握正文的表现形式

要想写出触动人心的广告正文，首先要掌握正文的表现形式。通常，正文的表现形式有以下几种：

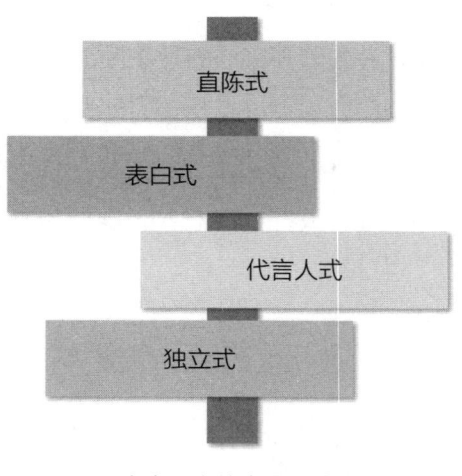

- 直陈式
- 表白式
- 代言人式
- 独立式

广告正文的表现形式

◆ 直陈式

直陈式广告正文指直接用较为客观的口吻来展开诉求，正文内容既可直接陈述事实，也可引用一些权威性证言或消费者的产品使用经历等，用最易被广告受众理解的方式直接向其传递产品信息。例如，西门子品牌医疗器械的广告正文："儿童听力受损问题，一直长期存在。处于领导地位的西门子，通过及时进行缺陷检查以及使用更先进的助听技术，帮助少年儿童避免因听力受损而导致听说能力迟缓的问题，让他们也可以享受生活的美妙音符。"

◆ 表白式

表白式广告指在正文中以广告主的口吻向受众展开诉求，如向广大受众做出"我们怎么样怎么样"的保证，以吸引目标受众的关注。撰写这类广告正文时，在企业观点、态度或者产品服务优势等方面进行重点表述，将会更吸引消费者的关注。例如，Amtrak 列车的广告正文："这是一列火车。在车上您会感到非常舒服，并为窗外美丽的景象振奋不已。在车上您可以读点书、聊天或稍作休息。就餐时您可以享受我们为您精心准备的美味佳肴及我们周到热情的服务。……在车上您可享受到其他任何一种陆地旅行的快乐。订票请打电话给您的旅行社，或打电话给 Amteak1-800-USA-RALL。"

◆ 代言人式

代言人式广告正文指用代言人的口吻与目标受众交流。在撰写代言人式广告正文时，广告创作者要了解代言人的详细背景，根据代言人的性格特点，将产品信息融入代言人的广告台词中，以此创作出符合代言人身份与个性的广告正文。例如，"不是吹牛，动感地带真的给了我特权——从麦当劳开始，N多厂商与我联盟，吃穿玩用每个我喜欢的牌子都能给我特殊优惠，别人的地盘，我也要当家做主。还等什么？现在就赶紧加入动感地带，享受越来越多的联盟特权优惠吧！'动感地带'（M-ZONE）——我的地盘，听我的！"

◆ 独立式

独立式广告正文是以虚构出来的人物或广告角色内心独白的方式来展开诉求，以此来引起受众内心的情感共鸣。在创作独立式广告正文时，广告创作者要注意文案应表现出独白者的个性特征与个人色彩。例如，Famous美容机构的电视广告正文就是以一位女士的口吻来独自讲述她与Famous的亲密关系："认识Famous很久了，他很有名，但总是会将女人看得比什么都重要，别人怎样说他我不管，不过他总是会用专业和耐心保护着我。认识他很久了，有Famous才看得到出色的我。"

【案例点击】

扭一扭、舔一舔、泡一泡

1912年，奥利奥在美国诞生，它那独特的吃法"扭一扭、舔一舔、泡一泡"，使它成为美国最为畅销的夹心饼干。1996年，奥利奥开始进军中国市场，凭借一则温馨幸福、童趣满满的广告成功打开了中国市场的销路。广告中请了当时的帅气球星和可爱的小顽童小朋友作为代言人，广告正文设计通过帅气球星和小顽童之间的友爱互动，借帅气球星之口说出奥利奥饼干"先扭一扭，再舔一舔，最后泡一泡"的趣味吃法，使广告受众感受到吃奥利奥饼干时的童趣和好朋友之间友爱互动的温馨。

在广告漫天飞舞的时代，这则以情动人的广告最终使奥利奥饼干成功吸引了大量儿童纷纷购买，奥利奥也因此在中国成长为最具影响力与最成功的饼干领导品牌。

3.3.2 下笔有神，撰写正文的技巧要点

◆ 开头

在撰写广告正文的开头时，要特别注意以下几个方面。

（1）注意广告正文开头与标题的衔接，能够承接广告标题的正文开头，往往会给人衔接恰当、一气呵成的感觉。例如，在印度旅游公司的广告中，标题为"金色的刺激"，正文的开头为"到一个金色的国度，去度一个金色

的假期，那刺激是黄金般的"。

（2）注意从目标受众的利益关注点切入开头。例如，中国电信《一线通业务·鼠标篇》的正文开头，"或许，您曾经为上网速度的缓慢而抱怨不已；或许，您也想办法改进了电脑配置，然而收效甚微……"

（3）广告正文开头引发受众的关注与思考。例如，中国电信"礼仪电报·手篇"的正文开头，"您的挚友是否最近过得不太顺心？您的驻外员工最近是否过得很辛苦？您的亲人是否需要您的问候？……"

◆ **主体**

想要撰写出优秀的广告正文，我们在正文主体部分的展开方式上应当苦下功夫。一般说来，正文主体部分的展开方式大多是承接正文开头的内容，并对其做更进一步的延伸。例如，海尔空调的广告正文，其开头部分讲的是"海尔空调在技术上的功力"，而主体部分的正文内容则在此基础上做了承接与延伸，"十年磨一剑，海尔空调集多年一拖二空调制造经验于一身，尤其是组合一拖二与变频一拖二，厚积而薄发，出手便能叱咤于空调领域，大小空间都可以得到完善体验，种种设计均为此而生……"

此外，正文主体部分的展开方式也可将笔锋扭转，使主体部分与开头内容形成一个强烈的转折关系，以此来给受众提供一种柳暗花明之感。例如，在"一线通业务·鼠标篇"广告正文中，其主体部分为"改变正是时候！一线通（ISDN）为您提供了一个高速率上网的选择，一线通可以在一根普通电话线上以每秒至少64K的传输速度接入Internet与视聆通，这比传统电话线加上Modem（调制解调器）的连接方式快了整整四倍以上……"

◆结尾

在撰写广告正文的结尾部分时,既可让其独立成段,也可使其与主体部分结合在一起。结尾的语句应当简短有力,避免繁冗复杂,选用一两句话来说明问题。

此外,广告正文的结尾部分要具有煽动性,我们可以多使用祈使句或反问句。例如,"现在就打电话来订购吧!""想成为信心十足的新时代女性,您又怎能缺少全新的××呢?"等。

广而告之

大卫·奥格威的温馨提示

大卫·奥格威是美国著名的广告大师,他在谈到广告正文的创作原则时曾特别指出要在以下几个方面多加注意:

(1)广告正文需要用直截了当的准确语言来写作。

(2)广告正文的撰写要站在用户角度,利用客户经验谈广告信息。

（3）正文要向受众提供实用的咨询或服务，而不是单纯描述产品本身。

（4）避免使用高级形容词、一般化字眼或陈词滥调，应注重讲事实并将事实讲得引人入胜。

（5）衡量优秀广告创作者的标准是看他们让多少新产品飞舞在市场上而不是用语言文字娱乐读者。

3.4 别具匠心：和谐悦目的版面编排

所谓广告版面编排，就是对广告标题、广告正文、广告口号、广告图片等给予视觉处理与配置，使整则广告看上去更加匠心独运、和谐悦目。一般说来，广告版面的编排不仅要选择恰当的广告内文编排形式，还要处理好图片与标题之间的关系，这样才能使编排出来的广告版面独具匠心、美观大方。

3.4.1 花样百出，了解内文的编排形式

一则编排和谐精美的广告，能将品牌个性与产品策略淋漓尽致地表现出来，能吸引读者主动为其驻足原地，耐心阅读。广告内文作为广告的重

要组成部分，其排版形式对整则广告的版式编排都有着十分重要的影响作用。广告内文的排版形式大致可以分为四种，即左右齐头形式、左齐头形式、右齐头形式以及居中形式，具体该选择哪种内文排版形式，则要根据内文的长短、内容等实际情况，择优而选，切忌生搬硬套、一味跟风。

左右齐头形式的内文排版，就是普通 Word 文件中所体现的形式，这是较为常见的一种内文排版形式，适合那些对内文段落没有特殊要求的广告文案。

左齐头形式的内文排版类似歌词或者诗歌的排版形式，错落感比较明显，使人读起来更具节奏性、更易被读者理解。这种类型的内文排版比较适合一些感性文案或诗意文案，但并不适合所有的广告文案，过度使用会使读者产生审美疲劳，失去对此类广告的阅读兴趣。

左右齐头形式的广告内文　　　　　　左齐头形式的广告内文

右齐头形式的内文排版相对比较少见，这是根据广告画面的特殊情况而采用的内文排版方式，切忌胡乱使用。若随意在广告中使用右齐头的内文排版形式，通常会给读者造成左边部分参差不齐的感觉，会严重影响读者对整则广告的阅读兴趣。

居中形式的内文排版一般代表着广告方的宣言，有时也运用此类排版来向广告受众传递一种情绪，如快乐情绪、伤感情绪等。

右齐头形式的广告内文　　　　**居中形式的广告内文**

3.4.2 分清主次,把握图片与标题的关系

想要设计出别具匠心的广告版面,我们除了要重视广告内文的排版形式之外,还要根据广告文案的实际创作情况与广告产品的典型特征,分清主次,把握好图片与标题之间的关系。

一般来说,图片与标题的关系大致可以分为三种类型,即标题在图片下面、标题在图片上面、标题在图片中间或左右。当广告产品的典型特征极为明显时,我们可以尝试标题在图片下面这种版面编排方式,遵照大部分广告排版顺序,采用"大图—标题—正文"的顺序进行广告版面编排,这样更易迎合人们由上至下的正常阅读习惯。

当广告标题要比图片更具吸引力时,我们就可以将它设计成整幅广告中最为重要的因素,采用"标题—图片—正文"的广告排版顺序,这样能使读者一眼看到吸引力极强的广告标题,并主动向下阅读广告正文,主动接收广告产品信息。

当标题吸引力与图片典型性保持一致时,我们可以选择图文合一的方式进行广告版面编排,采用"标题放在图片中间或左右"的排序方式,将主标题置于图片内,副标题与内文置于图片下方,实现图文结合与图文互动,吸引目标受众在观看图片时主动了解广告产品的相关信息。

【案例点击】

"自动完成显示对女性的看法"

"auto-complete shows perceptions of women"（自动完成显示对女性的看法），这是联合国妇女署推出的一组公益广告。

这组广告共有四幅图，每一幅图的主体都是占据整个版面的女性图片。这四位女性分属不同的国家或地区，而在她们的嘴唇部位都分别放着一条谷歌搜索框：

"women shouldn't ..."（女性不应该……）

"women cannot ..."（女性不能……）

"women need to ..."（女性需要……）

"women should ..."（女性应该……）

搜索框内的文字虽然还没有输入完整，但是下面已经自动显示了很多"女性应该或不应该"做的事：女性不应该拥有权力、股票、工作；女性不能开车、当主教、被信任；女性需要守本分、被控制、被约束；女性应该待在家里、在厨房……在这四个搜索框下面又分别有四句小小的广告语点明主题：女性不应该再遭受歧视／女性不能接受这样的现实／女性需要被平等对待／女性应该有权做出自己的决定。

> 整个广告的排版布局十分简单——图片加搜索框再加广告语,但正是因为这简洁的布局承载的厚重的信息,才更能给人以极大的心灵震撼。搜索框中的文字虽然只占图片中女性的嘴唇部位大小,但仍让人忍不住侧目一探究竟,这样的版面编排无疑令受众觉得耳目一新,很容易引起人们的注意。

3.5 画龙点睛：营造视觉冲击力

一则视觉冲击力极强的广告作品能够轻松地抓住消费者的眼球，加深消费者对广告作品的印象。广告创作者想要创作出具有视觉冲击力的广告作品，不仅要充分发挥色彩的神奇魅力，还要不断掌握与恰当运用视觉形态的典型特征。

3.5.1 发挥色彩的神奇魅力

人们往往会将愉快或悲伤的情感经历同颜色联系起来，如绿色常会让人想起愉悦的散步经历，血红色常会让人想起悲伤的意外事故，暖色系会让人感觉更加温馨快乐，冷色系则会使人感觉冷静严肃等。而一则极具视觉冲击力的广告往往能在多如牛毛的同类广告中准确抓住目标消费者的眼球，吸引其主动关注广告产品的相关信息。想要创作出具有视觉冲击力的广告，我们就要充分认识到广告色彩的重要性，发挥色彩的神奇魅力。

在为广告文案设计颜色时，要先掌握广告产品的实际情况和广告文案的写作形式，再根据情感与颜色之间的关系，选择最为合适的广告颜色搭配，提升广告的视觉冲击力。例如，法国Contrex矿泉水的平面广告作品在颜色搭配上便极具特色，在底色设计上，选用了深浅不一的浅红色作为广告底色，使整个广告画面的质感亲切温暖，选用五位女性漂亮的人体来组成一朵娇艳的花朵形象，更加暗示出广告产品与青春、活力、健康、美好之间的关系。整个广告作品构图简洁、色彩明净，极具审美价值与视觉冲击力，令消费者看后久久难以忘怀。

广而告之

色彩描述的三大法门

色彩描述是平面广告创意设计的重要组成部分之一，但色彩描述并不是随意进行的，它也存在着三大重要法门，即客观法、比较法和主观法。

客观法就是根据已知的色彩度量标准对色彩进行客观真实的描述，这种色彩描述方法适用于重点描述人类可见光谱中波长为400～700毫微米间的光能。

比较法是指目标受众通过对颜色与自然物体之间关系的比较，得出与颜色有关的评价，如蓝色常被人们比作自然界中晴朗的天空，这种方法适用于产品本身或产品包装颜色易辨认的广告产品。

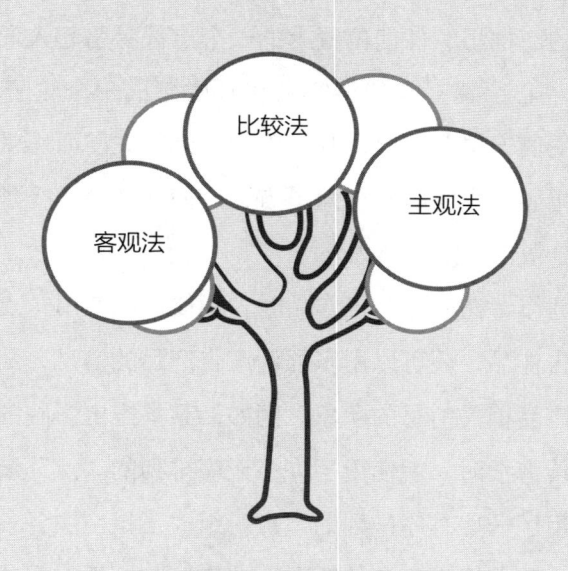

色彩描述的三大法门

主观法是指目标受众根据自身的主观情感与自身联想来对色彩进行判断，这种色彩描述方法对一个人的精神状态与想象力有一定要求，适用于想象力丰富的广告创作者。

3.5.2 巧用视觉形态的典型特征

视觉形态对广告的设计与制作有着十分重要的作用,视觉形态主要分为三大要素,即"点、线、面"。点是最为简单的一种视觉形态要素,在背景清晰的图框里,任何位置上的一个点都易引起人们的注意。若这一点位于图框中心位置,人们很容易将其联想成一个轮子的轴心;若这一点位于图框的侧方位置,人们则会因为画框的失衡而感受到画框上的视觉张力;若一幅画框中同时出现两个点,人们同样会感受到视觉张力,但也会因此被迫分散自己的注意力。

广告创作者在设计广告作品时,不仅可以使用"点"的视觉形态来装饰整则广告作品,还可以用来强调广告产品的信息,从而进一步加深消费者对广告产品相关信息的印象。例如,某星空电影院的广告负责人在设计影院的宣传海报时,就使用了许多无序排列的"点"装饰成绝美的星空图案,又选用了一些有序排列的"点"组成了星空中各种星座的图案,还特意在星空之外,用带颜色的四个大"点"与短弧线组成流星的图案,每个大"点"之中各有一个汉字,四颗流星共同拼成了"星""空""影""院"四个大字。广告负责人将"点"的视觉形态特征充分发挥出来,使整则广告作品唯美绝妙,增强了广告作品的视觉冲击力与感染力,令无数消费者看后久久难以忘怀。

当大小相同的点紧密排列在一起时,就形成了线的视觉形态,无论是直线还是曲线,都能唤起受众内心深处的某种感情,直线会唤起人们严肃、沉稳的感情,曲线则会激起人们柔和、细腻、活泼的感情。例如,某沐浴露在设计自己的平面广告时,将女性身体那柔和的线条作为整则广告的视觉元素，将雪山轮廓与人体上由点组成的露珠作为广告次要的构图元素，并选用蓝色作为整则广告的背景颜色，使广告画面给人一种柔和、晶莹、清爽、纯净的美感，而这种美感也正是广告设计者想向目标受众所传递的信息，即"用了我们的沐浴露，你也将变得如此纯净、美丽、迷人"。

　　面的视觉形态多指同一个面上点与线组合而成的各类平面图形，没有立体感，但画面清晰明了，能使广告受众一目了然，如平行四边形、圆形或三角形等，每类平面图形都可以根据广告产品的实际情况被广告设计者赋予特殊的文化意义，以此来增加广告信息在目标受众头脑中的印象。

学以致用

　　根据你对广告文案创作知识的了解，能不能自己尝试着创作一则广告呢？假如现在需要你为某品牌的儿童蛋糕设计一则平面广告，要求广告口号响亮，广告主题鲜明，广告正文趣味十足，广告版面和谐美观，整则广告具有较强的视觉冲击力，能给目标消费者留下深刻的印象，你会如何设计呢？

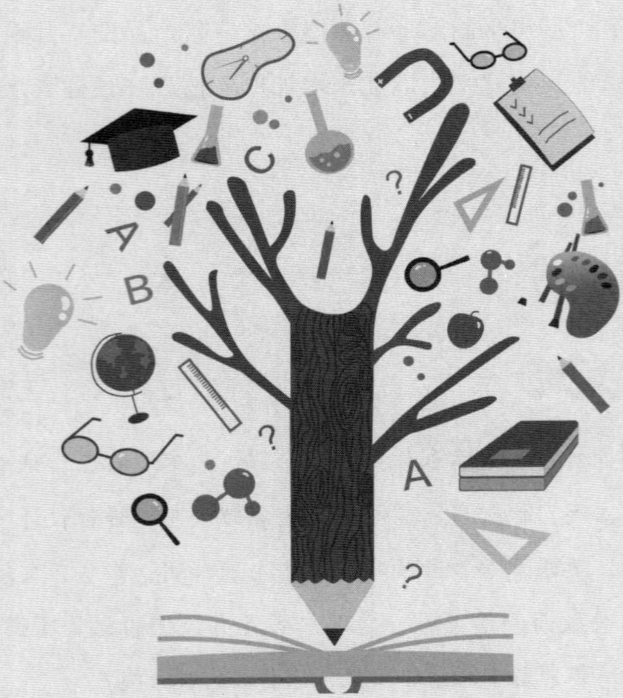

第 4 章 出奇制胜：广告创意的表现策略

创意十足的广告总能迅速抓住目标消费对象的眼球，吸引其主动关注广告中所宣传的产品信息，进而激发其主动购买广告产品的欲望。广告创意表现策略是一种对色彩和图形的视觉再造活动，将独特巧妙的视觉元素进行组合，来实现广告诉求、创意内涵及广告意境的表达。常见的广告创意表现策略有适度夸张、对比衬托、比喻象征、拟人处理、寓褒于贬、以小见大等。

那么，该运用怎样的广告创意表现策略，才能设计出极具创意的各类广告呢？下面，就让我们带着对这些广告创意策略的好奇之心，共同走进广告创作的世界，一起来探索这些出奇制胜的广告创意表现策略吧！

4.1 适度夸张

适度夸张策略是常用的广告创意表现策略之一，它是指在进行广告创作时，通过调动广告创作者丰富的想象力，扩大或缩小画面中涉及的广告产品特征，以增强整个广告的表现效果和画面的视觉冲击力，进而使目标消费者对广告信息产生强烈的视觉感受，加深对广告产品相关信息的印象。

文学家高尔基曾经指出："夸张是创作的基本原则。"想让自己创作的广告作品极具个性、创意十足，就必须要认识到适度夸张策略的重要性。在广告创作中使用适度夸张策略，不仅能更加鲜明地突出或揭示所宣传产品的实质，还能进一步增强整个广告作品的艺术效果与感情色彩，提升广告作品的艺术美。一般说来，根据广告作品所表现出来的特征，我们可以将适度夸张策略分成形态夸张策略与神情夸张策略两种类型，形态夸张策略注重表象性的画面夸张，而神情夸张策略则注重含蓄性的画面夸张。

广告创作者在运用适度夸张策略时，要打开想象世界的大门，做到在一般中求新奇，通过虚构的方法将所宣传的产品特征与个性的某些部分进行适度夸大，使目标消费者在观看广告作品时不仅能产生一种耳目一新的感受，还能清晰地了解到广告中所传递出来的产品相关信息，进而激发消费者主动前来购买的欲望。

例如，Niko 品牌在为自己生产的纸巾做广告时，为了突出纸巾超强吸水的功效，广告创作者选用了适度夸张的广告创意表现策略。广告画面向消费者展示了一张 Niko 品牌的纸巾，纸巾旁边画着一只打翻了的碗，由于碗被打翻了，因此碗中新鲜的绿葡萄有几粒不小心滚落到 Niko 牌纸巾上，瞬间变成了几粒绿葡萄干，这则广告作品的名称被命名为"Niko 纸巾广告——超强吸水"。整则广告通过"滚落到纸巾上的新鲜葡萄瞬间变成葡萄干"这一夸张的表现手法，将 Niko 纸巾超强的吸水特点淋漓尽致地展现在消费者的面前，给广大消费者留下了极为深刻的印象。

再如 CEMEX 品牌的一则水泥宣传广告，为了突出强调 CEMEX 品牌水泥凝固迅速、结实牢固的特点，广告创作者使用了适度夸张的广告创意表现策略。广告画面中首先映入消费者眼帘的是两座大山之间的一架只修了一半的大桥，这座桥由盘山公路延伸而来，桥上还有一辆认真铺设却处于半悬空状态的水泥车，水泥车下面只有刚铺好却毫无支点的半架水泥桥，桥下便是悬崖峭壁，水泥车中流出的水泥瞬间就凝固成桥的一部分，仿佛根本不担心桥会断裂。整则广告画面夸张惊悚，迅速抓住了消费者的眼球，使消费者在夸张与惊悚之中记住了 CEMEX 品牌水泥的强大功能。

学会"适度"

在进行广告创作的过程中，我们经常会使用适度夸张这一广告创意表现策略，但适度夸张策略要注意坚持"适度"原则，才能使广告作品创意新奇、鲜明动人，才能让消费者真正从夸张的广告作品中清晰地了解到产品的特征。

所谓"适度"，就是指要点到即可，不可过度而为之，因为水满则溢，月盈则亏，过度夸张的广告作品不仅会让消费者产生误解，甚至还会产生相反的广告效果。坚持"适度"的创作原则，广告创作者必须要做到严格将广告产品特征的夸张程度控制在广告活动所允许的范围之内，千万不要在广告作品中向消费者传递虚假的产品信息，以免消费者对广告产品的相关信息产生误解。

4.2 对比衬托

对比衬托策略是广告创意表现策略中较为常用的一种策略，也是一种展现对立冲突之美的创意表现策略。在广告创作过程中使用这种创意表现策略，可以帮助广告创作者鲜明地展现广告产品的性能与特点，还能带给目标消费者以深刻的视觉感受，产生过目不忘的效果。

此外，对比衬托策略作为一种行之有效的广告创意表现策略，经过广告创作者恰当合理的运用之后，不仅能使整个广告的主题表现力度得到加强，还能使广告看上去饱含情趣，感染力十足。如果广告创作者是一个善于使用对比衬托策略的人，那么其创作的广告作品则更易使目标消费者在看似平凡的广告画面中迅速找出隐含的意味，从而更加深入地理解广告所传递出的产品信息。

广告创作者在运用对比衬托策略时，可以通过将两个同行业的产品进行某些功能上的对比，使消费者清晰地看到广告产品所具备的优势与特点，以此来提升广告产品在消费者心中的地位，加深消费者对广告产品的印象。这种对比策略常用在各大对手企业的广告创意大战中。例如，在国外，百事可乐广告与可口可乐广告总是通过相互对比调侃的方式，来加深消费者对各自广告产品的印象。在一则国外的百事可乐广告中，百事可乐售货柜与可口可乐售货柜并排放在一起，百事可乐售货柜前的地面已显示出被严重磨损的迹象，而可口可乐售货柜前的地面却完好如新，整则广告没有一句广告文案，但在两种可乐售货柜前地面磨损情况的对比衬托之下，百事可乐的销量与受欢迎程度自然不言而喻。消费者在看到百事可乐这则广告之后，在会心一笑的同时自然而然地进一步加深了对百事可乐的印象。

广而告之

使用对比衬托策略应注意的地方

对比衬托策略是我们进行广告创作时经常使用的一种创意表现策略，虽然行之有效，但也有需要我们注意的地方。

广告创作者在使用对比衬托策略时，虽然可以将同行业的两个品牌产品进行对比，但广告作品依然要符合我国的广告法律规定。《中华人民共和国广告法》第十三条曾经明确规定："广告不得贬低其他生产经营者的商品或服务。"这是我国广告设计同国外广告创作

第 4 章 出奇制胜：广告创意的表现策略

> 最需要区分的一点，我国广告创作者在使用对比衬托策略时，要时刻谨记国家的法律规定，不恶意拉踩其他品牌的广告产品或服务，保证一个公平良性的同行竞争环境，才能使整个行业的消费市场变得更加生机勃勃。

广告创作者在运用对比衬托策略时，还可以通过鲜明的图像对比来表现广告产品的性质或特点，做到互比互衬、借彼显此，进而从对比衬托所呈现出来的图像差别中，简洁曲折地向目标消费者传递广告产品信息，使目标消费者对广告产品的功能与特点产生一个深刻的印象。例如，国外某品牌吸尘器的广告中曾使用过对比衬托这一创意广告策略。广告中有三个正在庄园打猎的猎人，其中一个人手持吸尘器，另外两个人手持猎枪，当手持猎枪的那两个猎人刚做好瞄准猎物的准备工作时，那个手持吸尘器的猎人已经轻松地将猎物吸到自己的吸尘器上了。广告创作者正是通过猎人打猎所使用的工具和打猎成果之间的鲜明对比，来明显地衬托出该品牌吸尘器的吸力之强劲，极具趣味性，给目标消费者留下了非常深刻的印象。

再如，在某品牌洗衣粉的平面广告作品中，为了突出该洗衣粉亮白衣物的产品功能，广告创作者巧妙地选用了对比衬托这一广告创意表现策略。广告画面左右背景对比十分明显，左边为白色背景，右边为黑色背景，此时一件用洗衣粉清洗过后的白背心分别出现在左白右黑的背景之中，通过对比，消费者可以明显地观察到，白色背景中的白色背心与

广告战略：文案、创意与传播

背景颜色合二为一，而黑色背景中的白色背心则与背景颜色对比鲜明，在黑色背景中，还有一行白色配文称"白到你看不见"。整则广告色调对比鲜明，视觉冲击力较强，使消费者在观看广告时，就对该品牌洗衣粉亮白衣物的功能产生了极为深刻的印象。

又如，某家牙科诊所的宣传广告中也使用了对比衬托策略，广告创作者向目标消费者展示了洗牙前后的图像，即洗牙前偏黄的牙齿和洗牙后洁白的牙齿，使消费者通过二者之间的鲜明对比，来了解广告中牙科诊所高超的洗牙技术，瞬间激发消费者慕名前去洗牙的欲望。这则运用对比衬托策略的创意广告也因此起到了良好的宣传效果。

【案例点击】

Braun（博朗）剃须刀

Braun（博朗）品牌诞生于1921年的德国，旗下有男士剃须刀、女士脱毛以及美发护发等各类产品。Braun（博朗）品牌在为男士剃须刀创作宣传广告时，曾巧用了对比衬托这一广告创意表现策略，并引起了消费者的广泛关注。

广告选用了一只多毛的大猩猩和一位帅气的男士进行对比，意图向消费者传递这样一个有趣的信息：即便毛发多如大猩猩，在使用博朗剃须刀之后，也能变成一位温柔帅气的男士。由于广告对比极为鲜明有趣，因此消费者在初看这则广告时，不仅能会心一笑，还会在无意中将博朗剃须刀的功能与效果谨记于心，进而使消费者产生购买广告产品的欲望。

4.3 比喻象征

比喻象征策略是广告创作者使用频率较高的一种广告创意表现策略，这种策略的使用不仅能避免广告作品形成直白浅露的说教特点，还能使消费者在观看广告作品的过程中，既产生一种含蓄委婉曲折的审美感受，又能体会到广告作品所要传递的相关产品信息，进而产生回味无穷的视觉观看感受。

比喻象征策略中既包含比喻手法，又包含象征手法。比喻是指"以彼物比此物"，通过对两个看似不同但存在某些相同点的事物进行描绘或渲染，向目标消费者委婉含蓄地传递广告产品的相关信息，以帮助消费者加深对广告产品信息的理解，使其在理解之后对广告产品的相关信息印象深刻并久久难以忘怀。广告创作者在使用比喻手法时，可以根据广告产品的实际情况，进行借题发挥、适当延伸或借机转化，进而创作出最适合表现产品典型特征的广告作品。

比喻手法在广告创意表现上可以分为明喻、暗喻和借喻三种形式。

例如，德芙巧克力曾在广告中使用明喻，宣称德芙巧克力的口感为"牛奶香浓，丝般感受"；塞尼伯里特品牌为自己公司的粉饼做广告宣传时则使用了暗喻，称塞尼伯里特品牌的粉饼为"轻轻打开盒盖，里面飞出的是美貌"；某家电公司在为旗下的微波炉做广告时，为了突出该微波炉操作简便的特点，则使用了借喻，"我家的猫用微波炉烤了条鱼吃"，广告既生动有趣，又含蓄巧妙地向消费者传递了该品牌微波炉操作简便的特点。

象征手法指广告创作者通过使用某种具体的形象或事物，向消费者暗示特定的人物或事理，传递广告产品的相关信息，表达真挚的感情与深刻的寓意。广告创作者在实际创作过程中，要根据产品的实际特征，恰当使用象征手法，力求做到将广告产品信息中的那些抽象概念具体化、形象化，将复杂深刻的事理转化为浅显易懂、一看便知的通俗道理，以此来提升广告作品的艺术感染力，让消费者在观看广告作品时浮想联翩，印象深刻。例如，2009年克里奥的一则金奖广告作品《大众Volkswagen箱式货车》就使用了比喻象征广告创意表现策略中的象征手法。广告创作者将厢式货车的形象逼真地印在了啤酒箱、牛奶盒等产品的外包装上，以此来象征大众Volkswagen箱式货车所具有的多功能性，由于造型美观、生动形象，因此人们在饮用啤酒或牛奶时，总能想起大众Volkswagen的箱式货车。这则广告起到了极好的宣传效果，众多箱式货车消费者在购车时纷纷选购了大众Volkswagen的箱式货车。

常见事物的象征意义

如果说广告创作者在使用比喻手法时,要根据广告产品的实际情况借题发挥,那么,广告创作者在使用象征手法进行广告创作时,则要涉及现实生活中各事物所象征的特定意义,如颜色、动物、植物等。广告创作者不仅要掌握广告产品的实际特征,还要将现实生活中常见事物的象征意义牢记于胸。下面就是生活中常见事物的象征意义:

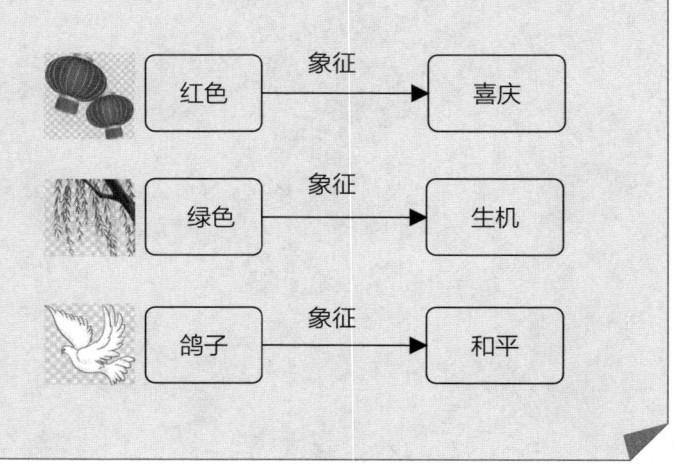

红色 —象征→ 喜庆

绿色 —象征→ 生机

鸽子 —象征→ 和平

4.4 拟人处理

在广告创意表现策略中，拟人处理策略始终占据着重要的地位，广告创作者也常在实际创作过程中使用这种策略来创作广告作品。一般来说，判断一则广告作品是否使用了拟人处理策略的最佳方法就是看这则广告中是否赋予非人事物以人格化的特点，如将动物、商品、植物或器物等人格化，使其具有像人类一样的喜怒哀乐的情绪或其他鲜明的性格特征。

广告创作者在进行广告创作时，合理巧妙地使用拟人处理策略，可以使其创作出来的广告作品更加活泼、生动、形象，人格化特征明显，广告产品的信息也能随着活泼生动的广告形象准确无误地传递给广大目标消费者，使消费者在满怀兴趣地观看广告作品的同时，将生动具体的商品信息印在脑海之中，以此来加深消费者对广告产品相关信息的印象，激发消费者内心深处的购买欲望。

在广告创作的实际过程中，广告创作者必须要认识到拟人处理策略的适用范围，切忌随意将广告商品拟人化，应根据广告商品的实际特征，恰当选用拟人化处理策略。此外，广告创作者在使用拟人化处理策略时，要保证自己具备十足的耐心与信心，因为一个性格特征鲜明的广告商品形象往往需要广告创作者经过反复修改与完善，最终才能个性十足、鲜明生动地跃然于纸上，并受到广大消费者的关注。

例如，越南移动广告的创作者曾在广告作品中使用过拟人处理策略。广告画面中出现了一位身穿运动服的拇指先生，他正在一架跑步机上疯狂地奔跑着，挥汗如雨，但他反而一脸享受、非常开心。这则广告的作品名为"越南移动广告——看到他们的拇指都在做运动了吗，因为越南移动运营商有了新政策"。这则广告将我们的拇指拟人化成一位热爱运动的拇指先生，意图通过他愉快的健身体验向消费者传递越南移动运营商所推出的新政策是一个能让我们的拇指欢快愉悦地奔跑的优秀政策，整则广告趣味十足，鲜明生动，一经推出，瞬间吸引了一大批消费者的关注。

再如，在 KissFM 摇滚音乐电台的广告作品中，广告创作者也曾使用过拟人处理策略。广告画面上有两个一边奏着音乐一边欢快跳舞的磁带小人，这两个小人的头部都是由磁带组成的，身体则都是由磁带里面的黑色薄膜堆积而成，新奇有趣。这则广告作品名为"KissFM 摇滚音乐电台——跟着 KissFM 的劲爆音乐跳舞"，整则广告意图通过两个热情演奏、欢快跳舞的磁带小人，向消费者传递 KissFM 这个摇滚音乐电台是一个对摇滚乐充满激情的电台，以此来吸引广大消费者的关注和支持。

【案例点击】

土耳其航空，多远都能到达

土耳其航空公司是土耳其的一个非常重要的运输公司，该公司在为自己做广告时，根据土耳其航空运输速度快的特点，灵活巧妙地选用了拟人处理这一广告创意表现策略，并取得了较好的广告宣传效果。

在广告作品中，有两栋气势恢宏的建筑物宛如一对恋人正在夕阳下相互依偎，其中的一栋建筑物是法国的巴黎铁塔，而另一栋建筑物则是意大利的比萨斜塔，画面温馨和谐，唯美浪漫。广告作品的说明是"无论距离有多远，即使一个在法国，另一个在意大利，土耳其航空公司都可以让这段距离消失"。整则广告通过将巴黎铁塔和比萨斜塔进行拟人化处理，使其二塔如恋人般相互依偎，再配上颇有情调的夕阳，营造了一个浪漫唯美的画面，使消费者在观看广告作品时，既享受到广告画面的艺术美，也记住了该航空公司速度快的交通运输特点，进而达到吸引消费者出行时优先选择该航空公司的目的。

4.5 寓褒于贬

寓褒于贬策略是广告创意表现策略中极为特殊的一种策略，这种策略被广告创作者使用的频率虽然不及其他策略，但一经选用，必出经典。寓褒于贬策略与其他广告创意表现策略的最大差别就是，其他广告创意表现策略多从正面突出广告产品的相关特征，而寓褒于贬策略则是反其道而行之，采用与正面宣传完全相反的宣传方式来表现广告产品的特征、服务与功能。

广告界流传着一句名言："在广告业里，与众不同便是伟大的开端，随声附和便是失败的根源。"在我们生活的这个世界中，广告铺天盖地，千篇一律的广告作品很难真正引起我们的兴趣与关注，而创意满满、独树一帜的广告作品才能在不知不觉中抓住我们的眼球，引起我们的注意。寓褒于贬策略便有此奇效，广告创作者通过使用寓褒于贬策略，能在创作过程中另辟蹊径、逆向思考，从而真正打开创意世界的大门，最终使自己创作出来的广告作品别具一格、不落俗套，使广大消费者产生耳目一新的感觉。

广告创作者在使用寓褒于贬的表现策略时，需要打破传统的思维定式，将广告诉求的角色进行一个反向运用，进而形成一个有反常理的广告效果。

例如，我国某公司的一则以"环保"为主题的公益广告中，广告创作者打破传统思维定式，选用了寓褒于贬的表现策略。广告作品上画着一个坏掉的马铃薯和一根枯枝，当然，马铃薯与枯枝上都不可避免地栖息着一些自然界中常见的小生物，但当我们仔细观看这幅广告作品时，便可以看到这些小生物似乎并不简单，因为它们与这个世界高等智慧生物的样子有几分神似，令人看后不禁陷入沉思。这则广告的标题为"人类善待自然的方式？"整则广告有一定的视觉冲击力，颇具讽刺性与荒诞性，广告创作者通过角色置换的方式，寓"环境保护"这样的大观念于"坏马铃薯、枯枝及小生物这种具有贬义特征的事物上"，并试图通过坏马铃薯与枯枝形成的原因来提醒广告受众，人类要站在大自然的角度去思考问题，善待自然，保护环境，若人类无视自然规律，肆无忌惮地破坏自然，那么人类最后也会自食其果，难以善终。这则公益广告作品一经推出，便引起了人们的广泛关注，甚至有不少人在这则广告的影响下，更加懂得了换位思考，并用实际行动去爱护自己所生活的自然环境。

此外，广告创作者在使用寓褒于贬策略时，也要时刻谨记"广告的生命在于真实"的道理，任何一则广告，不论如何标新立异，其对广告产品的宣传都不能脱离产品真实的特点与本质。一般的广告作品，在宣传产品时大多会选择扬长避短的方式，重点突出产品的优点而回避产品的缺点，因此消费者对绝大部分只说产品优点的广告都会心中存疑。瑞士一家钟表店在为自家钟表做宣传时，广告创作者反其道而行之，使用了寓褒于贬的策略，毫不畏惧地向消费者诉说产品的弱点，在广告中宣称"本店处理的一批手表走时不够精准，请君看准择表"，如此诚恳的态度不仅没有使消费者拒绝购买该钟表店的钟表,反而进一步增添了该钟表店的诚信度,得到了不少钟表消费者的青睐。

"寓褒于贬"与"逆向思维"

"寓褒于贬"与"逆向思维"存在一定的相关性,二者都有"非同寻常"之意。

但当"寓褒于贬"作为一种广告创意表现策略时,它更注重对广告产品宣传方式的求新、求异,看似贬义的广告作品,实际上是从侧面褒义地突出广告产品的优点。

"逆向思维"则多指人脑中的一种思维方式,即人在思考问题时,从与正常思维相反的方向来进行思考。从这个意义上讲,广告创作者使用的寓褒于贬策略,就属于在逆向思维影响下所提出的一种广告创作策略。

4.6 以小见大

以小见大策略是广告创意表现策略中较为常见的策略之一，正确使用这种策略，可以帮助广告创作者以一点观全面，使其通过小的意象来表达整个广告作品的主题，通过视觉语言使广告产品的定位得以展现，进而增强广告作品的灵活性、表现力与感染力，给广告作品的接受者提供一个广阔的想象空间和奇妙的观赏情趣。广告创作者在进行广告创作时，可以对广告表现对象进行强调、取舍或浓缩，并利用独到的构思紧紧抓住一点进行集中描写或延伸放大，以此来更加充分地表达广告的主题思想，传递广告商品信息。

例如，某科技公司在为旗下的USB数据线做宣传广告时，广告创作者在了解该公司数据线生产制作流程与制作工序的实际情况后，选用了以小见大的广告创意表现策略，创作出了一则抓人眼球的广告作品。广告作品的背景为纯白色，一根数据线的"头"和"尾"被广告创作者放大数倍，而在数据线的这两个"头""尾"处，分别有多个被缩小的工程师、设计师、操作工人等在认真进行数据线的设计与生产工作。画面清晰生动、感染力强，广告创作者试图通过广告作品，向消费者传递这样一个信息"即使是一根小小的 USB 数据线，在我们公司也是经过众多工程师、设计师和操作工人的辛苦努力，并经过多道严格认真的制作工序才得以完成"，以此来体现公司对自身产品质量的严格要求与对消费者利益的负责态度，吸引消费者主动关注并放心购买广告产品。广告创作者所创作的这则广告作品从企业旗下的一个小小的产品入手，在宣传企业产品的同时，更将整个企业的生产理念巧妙地传递给了消费者，堪称是以小见大策略的典范。

此外，在点、线、面三部分下功夫，也可以帮助广告创作者更好地使用以小见大策略。点的形态多种多样，广告创作者利用不同的艺术加工手段，将形态各异的点进行组合或分割，以小见大，将会使广告主题得到更为深刻的展现。线有细线与粗线之分，细线精巧细腻，广告创作者使用细线能够绘出空灵的造型，使人产生雅致秀逸的审美感受，而粗线的块感较为突出，广告创作者使用粗线能够绘出自由狂放的造型，形成粗犷、豪放和浑厚的风格。广告创作者只有区分好细线与粗线，才能根据广告产品的实际情况择优而用之，并真正抓住广告产品特征的某一点进行集中描绘或延伸描绘，做到以小见大，进而使广告产品的相关信息清晰地传递给消费者。在以小见大策略中，广告创作者使用的面多为吉祥符号，如囍字、中国结等，这些富有中国传统文化意义的吉祥符号，有时也可以发挥以小见大的重要作用，使广告产品的文化价值得到进一步彰显。

【案例点击】

麦当劳香蕉奶昔

麦当劳是全球知名的跨国连锁餐厅，主要售卖汉堡、炸鸡、薯条、奶昔、冰饮、汽水等快餐类食品，因其味道可口、用餐方便，受到许多热爱快餐食物的消费者的追捧。

麦当劳在中国推出新款香蕉奶昔时，广告创作者根据奶昔的口味特点，选用了以小见大的广告创意表现策略。他们将画面背景设计成纯白色，并将嫩黄色的香蕉皮摆成了一个大写的"M"字母，广告右下角还用黄色的醒目粗线写下了"香蕉奶昔新鲜上市"这八个文字。整则广告作品简洁大方、信息清晰，意图通过香蕉皮摆成的"M"字母来延伸广告产品的信息，真正做到以小见大，引导消费者将香蕉皮摆成的小小的"M"字母与麦当劳大品牌的logo联系起来，并用清晰可见的粗线条文字，再次向消费者阐明广告作品所要传递的产品信息，使消费者在观看这则广告作品后瞬间加深对麦当劳品牌香蕉奶昔的印象。

学 以 致 用

　　根据你对广告创意表现策略知识的了解，能不能自己尝试着创作一则广告呢？假如现在需要你为某品牌的空调设计一则平面广告，要求使用1~2种广告创意表现策略，你会如何设计呢？

第 5 章 广而告之：广告传播的要点须知

　　从本质上来说，广告其实就是一种信息传播的过程，而广告信息要想顺利传达给目标受众，就必然要依赖于各种广告传播。广告从诞生之日起就与传播有着密不可分的关系，传播的发展与进化带动了广告的前进与变革，同时广告的丰富与多彩也给传播注入了鲜活的生命力。

　　当然，作为一种特殊的传播形式，广告传播有着不同于其他传播媒介的独有特性。广告是商品经济蓬勃发展的结果，所以广告活动生来肩负的使命就与众不同。那这是一种怎样的使命？又使广告传播具有怎样的特点呢？广告到底是为谁而生？何时何地播放广告才可以最大限度地发挥广告效果呢？下面就来了解一些广告传播的要点。

第 5 章　广而告之：广告传播的要点须知

5.1 概念先行，理清广告传播的特点

侵入到各个媒体里的广告

人们的日常生活里充斥着各种传播媒体，比如图书、电视，甚至是人与人之间的直接交流。但多数情况下，各种媒介进入人类生活似乎都

是人们根据自己的自由意志自主选择的结果，比如一对情侣选择观看午夜场的爱情电影，一名英语老师选择使用习题解答详尽的语法书给学生上课。

然而，广告是一个特立独行的存在，不管人们想还是不想，广告都会无时无刻地努力进入人们的视野。那么，如此与众不同的广告，它的传播到底有着怎样的特性呢？

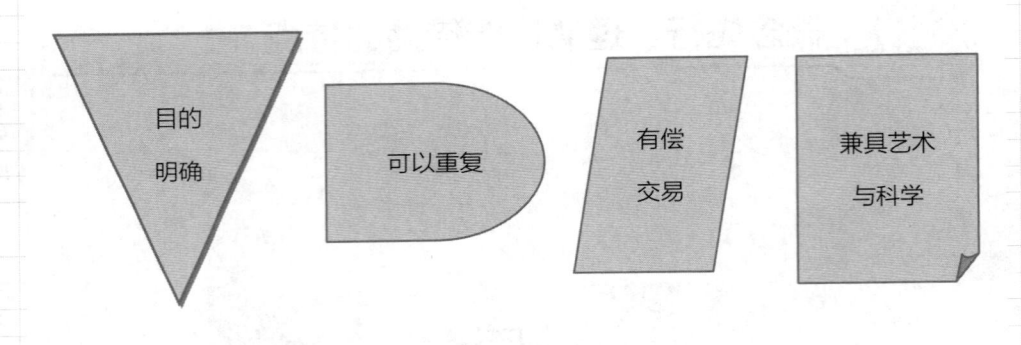

| 目的明确 | 可以重复 | 有偿交易 | 兼具艺术与科学 |

广告传播的特点

5.1.1 目的明确的广告传播

除广告传播之外，人类社会中还有很多其他的传播活动，比如人际传播、组织传播等，这些传播活动大多没有什么明确的目的。而广播传播就不一样了，无论是具有营利性质的商业广告传播还是非营利性质的社会公益广告传播活动，都有十分明确的传播目的。

想想看，企业支付高昂的广告费用来传播各种商品广告或者观念广告，其目的不正是要将关于企业的各种信息传达给广大受众，提高企业及其商品的知名度，在社会上树立良好形象，以获取更多收益吗？

同样的道理，公益广告的传播也是具有目的性的。我们在生活中看到的各种宣传保护环境、节能减排、吸烟有害等公益广告，其之所以会在各地广泛传播，正是政府或者其他公益性组织出于想要提高公民的思想道德水平的目的而安排的。

【案例点击】

"不在家也能辅导作业"

辅导孩子作业绝对是现代家长最头疼的事情之一，一方面家长想给孩子尽可能好的教育和帮助，不让孩子输在起跑线上；但另一方面家长工作繁忙，很少有家长可以投入大量的精力陪伴孩子写作业。除此之外，因为长时间脱离学校的学习，有些家长已经无法胜任作业辅导。

所以，为了满足孩子和家长的双重需求，一些学习用品开始主打解脱家长同时帮助孩子学习的卖点。比如大力智能作业灯，它的广告就是从两方面入手，一是"专为小学生设计"，可以帮助小学生学习语文、数学、英语等多个学科，知识全面且针对性强；二是

> "不在家也能辅导作业"，可以让家长有更多的时间忙自己的事又不用担心孩子的学习问题。
>
> 该广告内容清晰、目的明确，即使是短短几秒的广告，也可以让家长迅速感受到它的优势。

5.1.2 广告传播是可以重复的

虽然很少有人刻意去观看广告，但似乎每个人都能随口说出几句广告词，甚至因为广告而去消费某种商品或者产生某种行动。这背后有一个广告逻辑就是，只为受众能多看广告一眼，广告愿意尽可能地多播放几遍。

广告之所以会有反复传播这个特点，很重要的原因就是单次或少次播放广告很难使潜在受众注意到广告，更不用说将普通受众转化为客户。广告出现的次数越多，受众注意到产品的几率就越大。而广告这种反复多次且无意识的刺激，能够更好地影响受众的消费行为，可以使其从感知上、情绪上都有转变。最神奇的是，因为受众往往是在不经意间被广告洗脑，所以他们可能自己都不知道自己已经在不知不觉中被广告征服。

当然，广告重复播放最重要的就是掌握好一个度，过度地重复播放很有可能带来负面作用，比如使受众产生厌烦心理，此时受众是记住了广告也记住了产品，却将其列到了黑名单里，得不偿失；与此同时，过度播放对商家而言也是资源和金钱的浪费。

不过，很多聪明的广告主都不会被常规思维所禁锢，他们不会在传播媒体上重复播放同一条广告，而是稍加变通，比如在不同的时间段对广告文案稍加改变，或者在不同场合将广告与不同的营销方式相配套。

例如，中国台湾地区曾制作过关于水莲山庄美景的广告。为了配合广告传播的重复性特征，广告主为不同时间段要传播的广告都准备了独特的广告文案，分别是"清晨一点的鱼跃声""夜里十点的鸟鸣声""清晨六点的花开声"。虽然这些广告的内容都是在传达水莲山庄环境幽雅、风景如画等信息，但是广告主选择在不同的时间段配以不同的传播文案，将这些广告信息反复传达给受众，这并不会使受众觉得单调乏味，反而还有一些新鲜感。

5.1.3 有偿交易的广告传播

商家为播放广告支付费用是广告与其他媒体如新闻等最主要的差异之一。除广告内容制作本身的费用外，广告传播本身也要支付一定的费用。

以电视广告举例，在不同的时间段，商家给电视台所支付的广告播放费用是完全不一样的，黄金档的插播广告费要远远高于午夜档的费用。此外，广告本身时间的长短也影响着播放费用的高低，仍以黄金档举例，这个寸时寸金的时段很少出现长时广告，商家往往会把完整广告里最核心的部分剪辑出来投放，提高曝光率的同时节约成本。电视台通过收取广告费来获得一定的收入，同时为了提高广告费，电视台也会不断引进优质的节目和影视剧吸引观众从而吸引更多广告主。广告主和电视台虽然是一种交易关系，但更是相辅相成、互相成就的伙伴。

5.1.4 兼具艺术与科学的广告传播

虽然广告的重要类别是商业广告，而商业广告又以营利为目的，但优质的广告不仅仅是商家营销的手段，每则广告也是一个艺术作品，广告传播要建立在科学技术的基础上，还要借助艺术美学的表达。

从科学的角度看，一条只把信息说清楚的广告还远远算不上优质更别说达到有效的层面。一条广告想受到受众的青睐，甚至影响受众的行为，往往需要借助心理学、经济学、社会学等学科的科学原理的指导，还需要运用大数据的力量，使用概率学、统计学等方法反馈广告效果并及时改进与完善等，这些都是广告传播中需要借助的科学手段与工具。

与此同时，运用艺术美学强调商品背后的文化气息，可以给受众带来美的享受和愉悦的感受，同时艺术本身高雅的格调也易降低受众的防御心理，更容易使受众从欣赏的角度观赏产品广告从而提高购买欲。因此，很多品牌，尤其是定位本身就比较高端的品牌，更愿意将广告拍摄出荧屏大片的效果，除却起到广告基本的宣传效果外，也可以通过广告不断强化品牌的文化内涵。

当然，科学和艺术是手段而不是目的，传递信息仍是广告最核心的作用，绝不能为了艺术表达而忽视甚至牺牲宣传目的。

独树一帜的泰国广告

有人这么评价泰国的广告，如果说日本有动漫，那么泰国有的就是广告。众所周知，日本动漫在全球都有着重要的地位，而将泰国广告与日本动漫相提并论，可见泰国的广告确实有它突出和优秀的地方。泰国广告的优秀，就在于它已经远远超出宣传产品本身，每则广告都是一个艺术品。

提到泰国广告的关键词，想必有脑洞、催泪、反转等，它一方面让观众意想不到，另一方面又会发人深思。首先，泰国广告亲民，据《曼谷邮报》报道，泰国广告里明星或模特代言的比例非常低，绝大多数情况，广告都是邀请的本土平民拍摄；其次，泰国广告立足现实，宣扬正义，不回避问题，直面社会；第三，泰国广告喜欢用反讽戏谑的手法讲故事，用幽默荒诞的力量反射人性。

例如，泰国博世摩托车欲以紧急刹车、随刹随停为卖点做推广，其宣传广告就从其想停就能停这个特点切入，分别用了贪吃、贪玩（追剧）、购物和上网等现代人经常控制不住自己、不能及时刹车的欲望做类比，突显摩托车随时刹车、轻松自控的特点。广告以四种贪念分为四个小节，每小节都是先展现一种现代欲望，然后突然转折，用刹车将欲望和摩托车联系起来，风格幽默讽刺，让人开怀大笑的同时又记住了产品。

5.2 知己知彼,分析受众对象

广告受众,即"看广告的人",在广告传播中有着重要的地位,虽然他们是被动地接受广告,但是在广告传播以及广告制作上起着主导作用。所以,了解广告受众对最大限度地发挥广告效能起着决定性的作用。

男女真的有别   广告受众   年龄差距带来广告差异

分析广告受众

5.2.1 男女真的有别

从性别的角度看,男性和女性生理结构的差异导致社会分工不同,随着社会不断演化,两性在生活方式上也逐渐形成独有的特点,因此他们在选择商品时的心理活动也迥然不同。针对不同性别的受众,广告传播也需要采用不同的战略。

◆ **温柔似水的女性**

虽然现代社会女强人越来越多,很多女性也不再是娇滴滴小家碧玉的形象,但不得不说,女性身上自带的感性、温柔、细心、善于倾听、爱美、主意变化快等特点依然很有代表性。广告传播如果想对女性起效果,就一定要考虑到女性的这些性格特点。

比如,针对女性感情丰富的特点,顾客目标群是女性的商家,往往会在广告传播中突显出浓浓的爱意,比如夫妻之爱、母子(女)之爱、家人之爱等。画面越是温馨和谐,越易打动女性顾客,越易被其接受。这是因为女性购物的时候脑海里往往已经构建了她使用这件商品时的场景,所以我们才常常说,女性购物买的不是商品而是故事。

以洗衣液广告为例,如果广告传播的目标受众是女性,如何才能更好地达到广告传播的目的呢?有的广告主选择在广告画面中放入一些温情的场景,比如夫妻一起做家务,丈夫为妻子选择了不伤手的××牌洗衣液,或者是新手妈妈对刚出生的宝宝呵护备至，为肌肤柔嫩的宝宝选择了××牌洗衣液……

◆刚毅自信的男性

生活中，有些男性认为女性常购买一些"没用"的商品，这是因为与实用性相比，女性还会关注外观、附加效果以及能给她带来的情感满足等方面。难道男人就真的没有情感需求吗？当然有，比如希望获得他人或社会对其成就、身份、地位等的认可，所以他们愿意进行一些展示身份的消费。从这个角度讲，将一则广告打造得高端、有质感，更容易吸引到男性顾客。

正因为如此，所以我们经常能看到很多男士名表的广告画面都是西装笔挺、一看就是成功的精英人物形象，这便符合了男性追求身份、地位认可的心理需要。

不同于女性的温柔与细腻，男性自身也有很多典型的特点，比如阳刚、务实、独立、好强、理性、不拘小节等。了解了男性的这些特点，更有利于发挥针对于男性的广告的效用。

对于绝大部分男性来说，阳刚之气就是男性美的象征，出于对男性这一审美需求的迎合，很多以男性为目标受众的商品就会在广告中适当地表现出男性的这一特点。

最典型的，比如世界著名的"万宝路"牌香烟，其广告形象就充分表现出了男性刚毅、沉稳的特点，并向受众巧妙地传达了"万宝路香烟是男子汉的象征"这一广告信息，获得了极大的成功。

【案例点击】

"万宝路"香烟的崛起之路

据统计，全世界每分钟销售的"万宝路"牌香烟高达100万支。毫无疑问，这个品牌的香烟是当今世界上十分畅销，也是知名度非常高的。

然而，你能想象得到吗？就是这样一个现在风靡全球的香烟品牌，最初也只是由一个小店发家，甚至还曾宣布倒闭。

起初，"万宝路"香烟是以女性为定位对象的，为了迎合女性的消费心理，其广告语也显得十分温柔、富有女性色彩："像五月的天气一样温和。"然而这并没有取得成功，在很长的一段时间里，这个品牌的香烟销量都十分低，甚至很少为人们所熟知。

"万宝路"的崛起，始于其以男性为受众目标的广告传播。担任"万宝路"品牌香烟的新策划者以一群飞扬跋扈、粗狂硬朗、刚毅自信的西部牛仔作为新的广告形象，吸引了众多欣赏和追求这种男子气概的男性消费者。就这样，在新的广告传播的魅力之下，之后"万宝路"香烟的销量便扶摇直上，这一品牌也获得了前所未有的成功。

5.2.2 年龄差距带来广告差异

除了性别因素外，受众年龄也应该是广告主要考虑的因素之一。人们常说，多大年龄就该干多大的事，其实广告也一样，处在不同成长阶段的广告受众，吸引他们的广告也是不尽相同的。

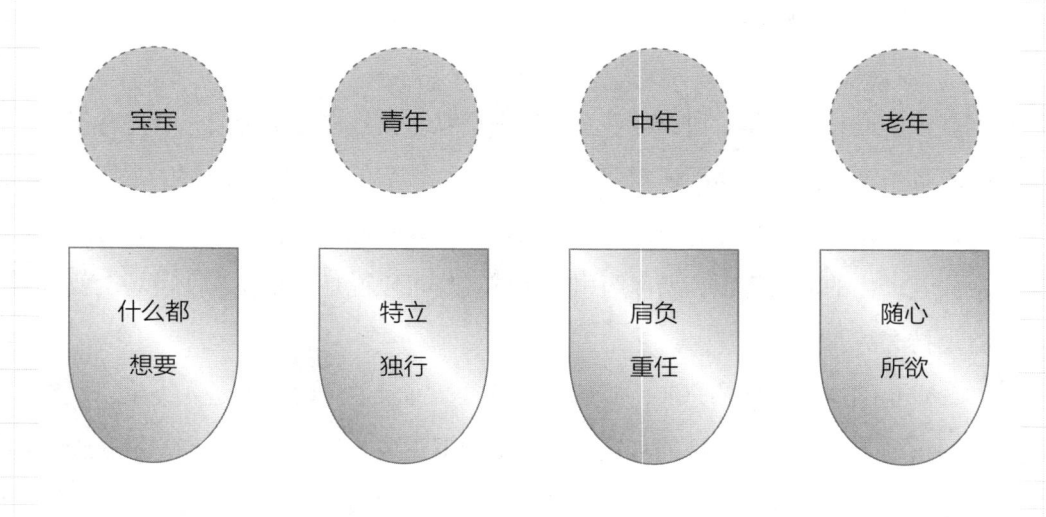

宝宝	青年	中年	老年
什么都想要	特立独行	肩负重任	随心所欲

源自年龄差距的广告差异

◆ **什么都想要的宝宝**

在孩童时期，人类大脑尚未发育成熟，甚至语言表达能力也非常不完善，但儿童的形象思维通常非常突出，模仿能力强，最重要的是，对这个世界充满好奇。因此，针对儿童的广告要新奇、不断变化，利用丰富的色彩与图形吸引孩子的注意力，设计出有特点、有代表性、易于孩子模仿的广告形象，这些都非常利于儿童接受。

奥利奥饼干在这方面就做得比较好。针对儿童好奇心重、模仿能力强的特点，奥利奥推出了"扭一扭，舔一舔，泡一泡"的广告。简短的广告语及令人忍不住模仿的广告画面，令其收获了一大批"小粉丝"的喜爱，并得以畅销市场多年。

◆ 特立独行的青年

人类成长到青年阶段，自我意识逐渐增强。虽然在这个阶段，有些青年仍不具备购买力，仍需要依靠父母的经济支持，但他们在家庭消费中占据了一定的决定权，影响着父母的购买行为。最重要的是，在青年时期很有可能形成其一生的消费习惯，所以吸引青年的广告可以说是商家在消费市场上要打的持久战。

青年的情绪、情感充沛，冲动、易冒险，而且这个阶段也是人类生理发育的重要节点，来自异性的肯定对青年来说很重要。针对这些特点，着眼于青年的广告要重点强调情绪渲染，能与青年产生共情，让他们有归属感、认同感，能让他们成为小伙伴中的焦点。很多时候，对于青年来说，情感认同即等于商品认同。

除此之外，青年群体最典型的特征就是特立独行，喜欢与众不同，展现自己的个性。为此，将主要受众目标定位为青年群体的"特步"体育用品品牌就打造了一系列展现青年人特立独行这一特征的广告语："特步，不走寻常路！""特步，让运动与众不同！""特步，非一般的感觉！"……获得了广大青年人的追捧。

◆ **肩负重任的中年**

通常来说，到了中年阶段，一个人的生活轨道已趋于稳定，心理也普遍成熟，思考问题的方式也会更偏理性一些。因此，针对中年人的广告，要重点突出和强调实用性、功能性，要能通过扎实、合理的逻辑和推理来宣传产品。在这个阶段，人们很少会因为一件商品的美观而发生消费行为，性价比是最重要的衡量标准，所以广告也应尽可能地多方面展示产品优势，要能经得起推敲和比较。

当然，这不是说中年人没有相应的心理需求，正因为这个阶段人们生活稳定，此时人们非常在意身份感的认同，这种身份感可以体现在工作成就上、家庭和谐上以及孩子表现上等，所以能帮助他们实现相关身份认同的广告也非常容易获得他们的青睐。

百达翡丽曾推出这样一条广告语："没有人能真正拥有百达翡丽，只不过为下一代保管而已。"这条广告堪称奢侈品中的经典。毫无疑问，这种能显示身份地位、有持续价值的物品是很能打动众多中年人的心的；该广告中渲染的"传承"主题，更是迎合了中年人对下一代的重视，希望能把最好的东西留给他们。这样的广告传播自然能取得很大的成功。

◆ **随心所欲的老年**

步入夕阳的老年，经过一辈子的打磨，他们早已形成自己的购物习惯，他们不喜欢推陈出新，也不喜欢变化，所以我们常常发现，老人们不太容易接受新事物，比较信任"老字号"。

因此，有一定历史的商品在老年群体里比较容易占据市场。针对老年人的广告也应突出强调产品的历史性，这对倚赖即有经验的老年人来说，十分有吸引力。

老年人还有一个重要的需求，就是健康。一则广告若有健康、保健、长寿，或者类似舒适、保暖、营养价值高、养生等字眼，就会特别吸引老年人的注意。对此针对老年人的广告还要突出产品对身体的正面作用。

5.3 实战演练,掌握传播模式

广告传播模式,也可以理解为广告的作用机制,商家想要广告传播活动实现预期效果,就要了解广告背后的运作方式到底是如何进行的。掌握这些问题,对最开始制定广告策划,一直到最后通过受众反馈调整广告,都具有非常重要的意义。

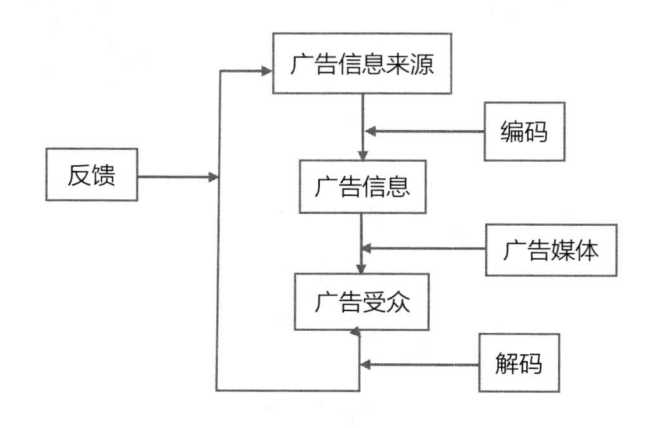

```
反馈 → 广告信息来源
            ↓ ← 编码
         广告信息
            ↓ ← 广告媒体
         广告受众
            ↑ ← 解码
```

广告传播的基本模式

广告的基本模式可以概述为：广告信息来源通过编码将自己的理念和观点形成广告信息；广告信息通过广告媒体将内容传给广告受众；广告受众通过解码了解广告内容，并做出相应反应，即反馈，从而再将反馈传给广告信息来源；广告信息来源再根据反馈对广告传播做出进一步修订的流程。

5.3.1 广告信息来源

广告信息来源主要包括三个方面：广告主、广告代理公司及广告代言人。

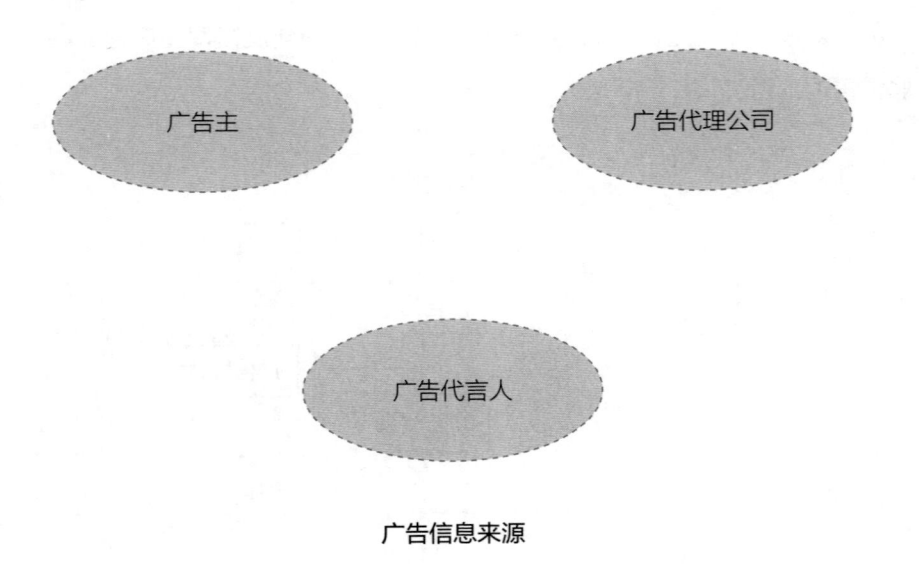

广告主

广告代理公司

广告代言人

广告信息来源

最原始的信息来源，当然是指商家想宣传的商品价值，这里的商家在广告传播链上称为广告主。广告主因为有传达产品信息的需要，以激发受众的消费行为，所以开启了广告活动。广告主在这个流程中处于非常重要的主导地位，包括具体的广告信息内容、广告传播的媒介等都由广告主决定，故广告主是整个广告传播的源头。

在广告主的委托下，广告代理公司负责在广告传播活动中的策划制作工作，主要负责完成对广告信息的编码工作。

与广告代理公司一样，广告代言人也代表着广告主的广告传播意向，其在广告的传播活动中也起着十分重要的作用。

即使是为同一广告作代言，不同的代言人会对广告的传播效果产生不同的作用。例如，广告代理公司想要寻找明星为一款名牌香水做代言，假如选用相貌出众、深受女性追捧的当红女星作代言人，其效果显然是比选用普通女性要好得多。

广而告之

找广告代言人需要注意些什么？

广告公司在选择广告代言人时，尤其要注意两个问题。

首先，代言人的气质要与品牌及产品相匹配。

举例来说，假如需要代理的品牌是青春时尚的类型，那么显然选择年轻人追捧的"小鲜肉"是比较好的选择；而如果是那种历史悠久，有一定社会影响力的老品牌，最好的选择是演技与人品均在线的、年纪稍长的老艺术家。

其次，选择明星代言人要瞄准时机。

如果一定要选明星来代言，最好的选择当然是正当红的一线明星。当然，企业在广告方面的资金投入也是有一定限度的，若是这类明星的代言费难以承受，那么其实也可以稍微改变一下策略，瞄准那些正处于上升趋势的明星。

5.3.2 编码

广告代理公司受广告主委托，针对相应产品进行策划制作，帮助广告主实现展示产品价值的任务，即编码过程。

广告编码使用的符号大致可以分为两类，即语言符号和非语言符号，通常人们见到的广告都是两类符号同时使用的。

广告编码的基本要求至少有两点：一是经过编码的广告信息来源可以成功吸引广告受众的注意，二是经过编码的广告信息可以使广告受众获得符合广告主预期的理解。达到这两点要求的广告并不一定是好广告，但最起码已经达到及格水平。

5.3.3 广告信息

经过编码的广告信息来源产出的成果，就是广告信息。广告信息可以说是整个广告传播模式中的核心，它是产品价值和商家思想的具体体现。广告信息除了解决广告内容的问题，即产品信息、服务理念等，还要解决广告形式的问题。

根据不同的编码符号，广告信息也可以分为语言信息和非语言信息，非语言信息包括图像、音乐、人物活动等。两类信息方式各有优劣，语言信息可以更好地满足受众的理性诉求，可以更清晰、明确地展示产品功能信息等；非语言信息可以更好地满足受众的感性诉求，可以用更生动、鲜活的方式表达受众想表达的情感等。

可以对广告信息造成影响的，除了信息内容，还有信息结构。信息结构指的是一条广告中最关键的信息在广告中的位置。

举一个例子，在报纸广告中，广告商应该将产品的品牌名放在什么位置呢？很显然，产品的品牌名是广告中最关键的信息之一，应该放置在报纸广告中最显眼的位置——标题中。

5.3.4 广告媒体

广告媒体，也就是广告商用来传达广告信息的工具和载体，包括三个层面的内容。

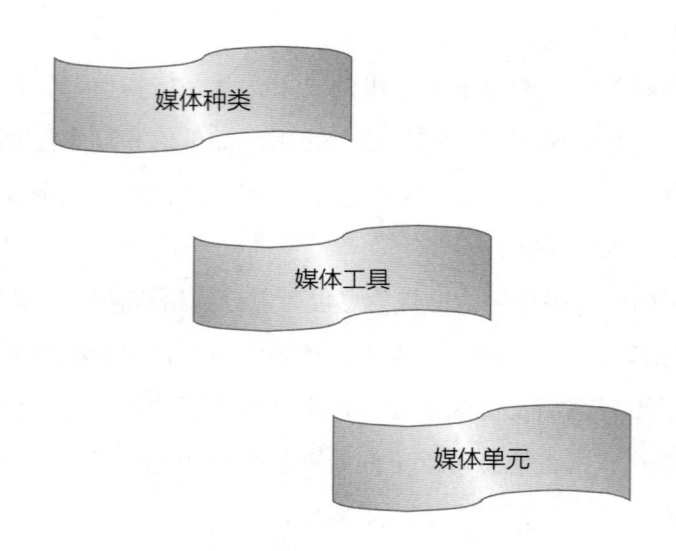

媒体种类

媒体工具

媒体单元

广告媒体的三个层面

媒体种类，即不同种类的媒体，包括电视、报纸、广播等传统媒体，以及互联网、手机等新媒体。

媒体工具，也就是在不同种类的媒体上传播具体广告的载体，比如报纸类媒体中的《南方周末》、互联网类媒体中的腾讯网等。

媒体单元，则是指在各种媒体工具中发布的广告时间的长短或者版面的大小等。以广告时长为例，时长不同，其广告价格会有很大的差别，效果也会有很大的差异。

5.3.5 广告受众

广告受众，即广告信息的接收者。最理想的广告传播状态是广告受众等于商品的目标消费群，当然，这几乎不可能。

首先，每个人身负多重身份，他不可能只对某种商品有需求；其次，各类身份的人遍布各地，他们没有形成固定的群体，没有规律的生活模式，所以广告主不可能百分百准确地、有针对性地投放广告。因此，为了尽可能地让目标消费群接收到广告，广告主就要扩大广告投放的时间以及空间范围。

除此之外，广告主要想获得更好的广告效果，他们必须了解受众情况，比如从人口特征、行为特征、心理特征等方面做深入研究。

5.3.6 解码

广告受众接收广告信息，并对其加以理解、解释，这个过程即为解码。理想状态是，广告受众解码出的信息与广告主想要表达的信息是一致的，只有这样，广告受众才有可能转化为受众，从而实现商品购买。所以，广告信息不可过于复杂，直接简单明了才是根本。

想想看，现在市面上的许多产品广告信息不就是因为内容简明易懂，才受到大众追捧的吗？比如，矿泉水广告："农夫山泉，有点甜。"外卖广告："美团外卖，送啥都快！"简简单单的一句话，既囊括了商品名称，也直接点明了其特点，最重要的是，受众能很快理解广告商想要传达的广告信息，并且不容易产生理解偏差。

但影响广告信息解码的因素不只是广告信息本身是否易理解，还与广告受众本身的知识水平、背景身份、兴趣爱好、经验态度等有着重要关系，也就是说，即使是同一条广告，不同的受众很有可能解读出不同的内容，这也是广告主在策划广告时要考虑的因素。

5.3.7 反馈

广告受众在解码完广告信息后，他的任务并没有就此结束，很多受众都会对他们接收到的广告信息做出一定的反应，这种反应又以某种形式重新传回给广告主，这个过程就是反馈。

受众反馈的过程并不是一个主动的过程，即受众从来没有想过给广告主做反馈而实施反馈这个动作。受众的反应都是针对广告信息自发产生的动作，而真正使这些反应起到了反馈效果的其实是广告主，学会敏锐地捕捉到受众的反应是广告主需要掌握的非常重要的能力。有些反应是相对直接的、可测量的，比如优惠券的回收数量、商店的客流量、电话咨询的数量、网页点击量等；也有一些数据并不直观，需要广告主通过一些方法进行采样，比如受众对广告的理解、态度等。

受众的反馈在广告传播过程中其实也起着十分关键的作用，通过这些反馈，广告主可以分析出很多重要的信息，如受众目标的选择是否符合品牌定位，广告信息能否正确地被受众所理解等。结合对这些反馈信息的分析，广告主就可以对广告传播过程中不恰当之处及时做出调整及改善，并为接下来的广告传播活动提供很好的参考案例。

5.4 机不可失，抓住传播时机

所谓成事需要天时地利人和，广告传播也是一样，广告发布的时机往往决定着广告投放的成败。广告播放时，是否有受众可以看到？受众看到的时间是否利于广告宣传？把握好广告播放时机，可以最大化地实现广告价值，事半功倍。

```
                   ┌─────┐
                   │ 抓  │
                   │ 住  │
┌──────────────┐   │ 时  │   ┌──────────────┐
│ 广告与营销要配合 │   │ 机  │   │ 广告也分旺季与淡季 │
└──────────────┘   └─────┘   └──────────────┘
```

把握好广告传播时机

5.4.1 广告与营销要配合

广告是一种宣传方式，除了广告之外，商家往往还会进行其他的营销活动。为了实现产品销售转化的最大化，必须将二者有机结合，做到里应外合才能更好地实现营销效果。

◆ 打前场

在正式的营销活动开始之前，很多商家就选择提前发布广告。该模式可以事先为市场做好预热，让受众对还未正式上市的产品产生兴趣。该策略常用于需要一定时间来引导受众、促使受众产生消费行动的产品，最典型的例子就是电子产品。

比如大家耳熟能详的一些电子产品，在新产品还未上市甚至还未完成研发之前，商家就会把推新广告打出去。我们常常看到一些产品专卖店门口开售前一天晚上就排好了长队，就是受众在等待新品出售的结果。

电子产品之所以较多采取该策略，与电子产品本身的特性有很大关系。电子产品上新的广告发布前置的时间远比普通民众想象的要早得多。常规情况下，人们会理解为至少产品已经成型只待上市了，商家才会发布广告。但因为电子产品的更迭速度太快，商家如果等产品成型再告知公众，很有可能发生的情况是，目标受众早已被对手抢去，同时已经研发的产品也成了废铁。所以，商家往往是在研发阶段就开始宣传，然后用承诺给受众的时间倒逼团队出新，这个时间差也许会达到一年或更久。

◆ **同步进行**

但并不是所有的产品都需要如此大费周章地预热，很多商家选择广告与营销活动同步进行。该策略可以使广告和活动之间的配合更紧密，广告带来的效果也会更直接，商家也更容易通过受众的反馈做及时快速的调整。该策略一般适用于已经占有一定市场，有一定知名度的产品和品牌。

节假日商场里到处张贴的打折广告就是最典型的代表。当然，严格意义上讲，店家也经常会提前张贴出打折信息和日期来对受众做预告。但这种预告与提前策略还是有很大差别的，商场里的打折预告离真正的打折活动时间不会相差很久，没有哪家服装店会提前半年告知受众有打折活动，并且按照服装市场的规律，这半年内就足以进行多次活动了。

◆ **收尾**

当然还有一种策略，就是广告要滞后于活动发布，即产品已经先行上市再发布广告。因为商品先上市，所以受众其实是先接触了产品再通过广告加深认知，这种模式比较有利于引导受众认定品牌购买，而且相比于同步策略，延迟策略可以得到更多的市场反馈，可以获得更多的数据，这些都对他们接下来要发布的广告有重要意义。一般采用该策略的商品是竞争环境激烈，自家产品动向需严格保密的品牌。

其实，人们在日常购物中应该就深有体会。尤其对一些必需品而言，很多时候人们并没有看过相关广告，而是先使用了产品，待广告发布后，他们相当于做二次确认和认可，就会多次回购，比如矿泉水、食品调料、洗衣液、卫生纸等。

5.4.2 广告也分旺季淡季

就像旅游景点分淡旺季一样，很多商品由于具体功能的不同，也会有销售淡季旺季的区别。比如酒类、饮料、食品，节假日对这些商品的需求要远多于日常。当然，随着现在社会的发展变化，不得不说这种差距在缩小，节日的仪式感情结已经远超于其实际的物质差距，但是该差距仍旧存在。所以，临近节假日，就是相关品类广告的旺季。比如月饼广告，每年都靠中秋节前一段时间发挥作用，类似的还包括粽子、汤圆等一般只在特定时间才食用的产品。

刨除旺季的时间段，剩下的就可以算是淡季阶段。淡季的广告最重要的就是要跳出原有思维，要挖掘出受众的新需求。比如酒品，旺季的时候，广告主打的可能是节日气氛等，淡季的时候就可以推出养生酒等亮点，这样产品就可以不被节假日或季节等限制。

学以致用

广告传播似乎没有想象中的那么简单，天时地利人和，对广告传播同样适用。如果现在你是广告主的调查员，你们要为一个"超级拖把"投放广告，你会调查哪些事情呢？你又将如何通过你的调查帮助广告主更好地投放广告，以达到最佳的广告效果呢？

第 6 章 各显神通：不同传播方式的广告

　　广告传播是一个必须依靠具体媒体方可实现的活动，没有媒介的广告就像脱离容器的液体，无形无状。所以，承载广告的媒体与广告是密不可分的一体，不考虑媒体去评价广告也是毫无意义的。

　　广告媒体作为广告传播活动中重要的手段和工具，也随着社会的不断进步有着日新月异的变化。最开始，广告只是靠人与人之间口头传播，后来人们采用了纸张等素材做宣传。随着科技发展，广播、电视、网络等新媒体不断进入人类生活，成为人们日常生活的重要组成部分，广告自然而然也要打入这些媒体内部。那么，不同的媒介对广告传播起着怎样的作用呢？下面就来一探究竟。

6.1 平面广告——二维空间的视觉传达

平面广告，顾名思义，泛指那些在二维形态上表达视觉信息的广告。平面广告一般包含文案、图形、颜色等要素。平面广告直白点说就是一张图片，这就要求平面广告传达的信息必须简洁明了，要有瞬间吸引人的力量，不能要求受众花大量时间研究广告信息。广告传播活动中，最具代表性的平面广告载体就是报纸和杂志。

6.1.1 重视标题的报纸广告

报纸广告大致分为三类，分别是展示广告、分类广告以及插页广告。

报纸广告的分类

展示广告一般可以占据比较大的版面，半版甚至是整版，附有彩色插图。这类广告可想而知，费用较高，但是排场大，非常适合大企业打形象广告，是展示企业实力的有效工具。

分类广告一般有固定位置，但规格较小，并且没有插图辅助，只有方案信息。故分类广告价格会低廉得多，适合中小企业发布具体的信息。而对于受众而言，他们也是为了相关的信息而去有针对性地查看该类广告，信息内容本身会比形象文化等更重要。

插页广告一般是提前做好印刷，可采用彩色印刷以及材质较好的纸张，然后会插到新闻版面中发行，故叫作插页广告。

报纸广告的优点很多：报纸信息非常利于储存以及查找，受众可以比较快速完整地了解到广告信息；报纸在出版刊物里算是发行量最大、触及面广的刊物，读者群也最大，这对广告传播的普及很重要；而且由于报纸刊登内容的属性，民众对报纸的信任感也最强，对报纸广告的接纳度也较高。

相较于其他类型的广告，平面广告的一大特征就是对标题的重视，这一点在报纸广告中体现得尤为明显。可以毫不夸张地说，标题是大部分报纸广告中最重要的部分，因为它是决定读者能否阅读整篇广告的关键。

为了提高标题对读者的吸引力，在制作报纸广告时，创作者可以从两个方面进行考虑。

首先，报纸广告的标题可以突出新闻价值。

什么是新闻价值呢？比如说，某品牌的空调要在报纸上发布一条广告：

"××牌空调通过国家级技术鉴定——引领当代空调发展高科技潮流！"

这样的标题就属于具有新闻价值的标题，因为它着重强调了品牌的价值信息，从形式上也让人有新闻标题的感觉，更增加了广告信息的真实性。

其次，标题中可以重点强调产品或品牌的卖点。

在标题中就展示产品或品牌的卖点，自然是要比把卖点置于正文中更抢眼。

"来吧，和头屑说拜拜！"（洗发水广告）

"××牌沐浴露，让你的肌肤如牛奶般细滑！"（沐浴露广告）

类似于这样的报纸广告标题，其实就是在强调产品的卖点，简单干脆，直击目标用户的痛点，当然很容易受到读者的青睐。

【案例点击】

"我的朋友乔·霍姆斯，他现在是一匹马了"

"My friend, Joe Holmes, is now a horse"（我的朋友乔·霍姆斯，他现在是一匹马了），这是著名广告大师乔治·葛里宾为美国箭牌衬衫创作的一则报纸广告。

这则广告通过讲述一个令人啼笑皆非的故事，展示了箭牌衬衫防缩水的性能：我的朋友乔死了，并变成了一匹马，而他死亡的原因竟然是因为衬衫的领子缩水导致其窒息！我将箭牌衬衫不会缩水的消息告诉他，他高兴得要去告诉老板，因为他的老板也正需要那样一件不缩水的衬衫……

这则广告用一个有些怪诞的故事向受众展示了缩水衬衫给大多数人带来的困扰，并由此凸显出不缩水的箭牌衬衫的可贵。这样的故事体报纸广告无疑会让受众觉得新奇又有趣，从而对其宣传的产品产生深刻的印象。

6.1.2 文艺优雅的杂志

杂志的盈利模式除了发行收入外，就是广告收入，由此可见，杂志广告对杂志出版方、发行方都有着重要作用。当然，不同的杂志类型，其收入模式占比是不同的，比如《读者》《知音》等广告收入占比较低，而《瑞丽》《嘉人》等广告收入占比较高。这也说明了为什么时尚杂志里广告的篇幅特别大。

杂志与报纸的一个很大不同就是阅读群体发生了转变。杂志的内容更具体、更专业，时尚杂志里不会出现军事武器，英语杂志里也不会解决疑难杂症，内容的范围更聚焦也代表内容的深度会提升，所以杂志的读者群就从泛泛大众走向了某领域的高端精英。而这种变化就使杂志广告可以更加准确地投放给潜在目标消费者，而不是撒网式传播，并且杂志广告受众购买力更强，也非常利于转化率的提高。另外，因为杂志通常印刷精美，纸张材质更高级，所以呈现出的广告效果也会更高档，对受众来说也有更大的魅力。

在广告的内容创作上，杂志广告也有其特点。

一方面，杂志广告的风格应迎合不同阶层的读者的品位。

大体来说，杂志可分为专业性杂志、休闲性杂志及综合性杂志。

专业性杂志的读者一般都是文化知识水平较高的群体，因此如果在这种类型的杂志上做广告，一定要注意语言上的庄重和文采，突出专业性，那种低俗、浮夸的语言风格显然在这里是不适用的。

举例来说，如果广告商想在一本专业性很强的杂志上放一条关于二手奢侈品的广告，内容是这样的："你知道我不是第一次，但你真的在乎吗？"可想而知，这样的广告文案极大可能是会被读者所鄙夷的。

与专业性杂志不同，休闲性广告在语言上要做到平易近人，要让人觉得舒服、通俗易懂。

"当各种无理由的加班、无法推脱的应酬令你身心俱疲的时候，你是否想要找一个安静的地方好好享受生活呢？

你想不想拥有一片属于自己的小天地，那里有花有树，有清新的空气,最重要的是,有属于你自己的家。

......"

这是一条刊登在休闲杂志上的房地产广告,非常适合那些正拿着一本休闲杂志,享受自己的独处时光的群体,对话式的语言让人觉得十分舒心,很容易引起读者的好感。

综合性的杂志因为涉及的内容比较广泛,读者比较复杂,所以如果想在这类杂志上做广告,就需要考虑放一些让多种阶层的读者都能接受的风格,而不要只是针对某一部分人群。

另一方面,杂志广告在编排上应该以图为主,图文并茂。

杂志广告相较于报纸广告来说,印刷更加精美,因此在编排上要格外重视图片的作用,尽量以图片为主,在最短的时间内吸引受众的眼球。

杂志上的化妆品广告

以上图中的化妆品广告为例,杂志广告的文案一定要简明扼要,文字内容主要是阐述产品的特点、卖点,文字与图画之间要有内在联系。

6.2 电视广告——有声有色的视听盛宴

电视广告是将视觉形象和听觉形象结合起来的广告形式，它结合了文字、声音、画面等多种要素。1941年，WNBC电视台播出了钟表广告，从此，商业电视广告之路得以开启。

6.2.1 电视广告的组合成员

根据不同的衡量标准，电视广告可以分为不同的类别。

◆ **节目广告和插播广告**

电视广告按播出形式可以分为节目广告和插播广告。

电视广告按播出形式分类

节目广告,顾名思义,是把某一节目的时间提供出来用于播放广告,电视广告购物节目就属于该类型。现在随着电视台的体系扩大,一些地方台甚至推出了专门的购物频道,想购物的观众可以专门看购物频道。

插播广告是指在其他节目播放间隙时播出的广告。插播广告时长都非常短,通常有 5 秒、10 秒、15 秒、30 秒、45 秒等不同的时间长度。5 秒广告又叫作标版广告,是电视广告中最常见的广告类型,黄金时段更是多用 5 秒的标版广告。

◆ **现场广告和录像广告等**

电视广告按制作工艺和材料可以划分为电视广告影片、现场广告、录像广告和卡通广告。

电视广告影片需要用电影胶片拍摄,还要经过胶转磁的处理才能播放。电视广告影片现在已经非常少见,因为它的制作工艺比较复杂,而且成本不低,虽然效果非常突出,但还是慢慢被市场淘汰。

现场广告可以理解为直播广告,虽然现在的直播都是在网络上进行,但电视上其实也有直播广告,与网络直播效果类似,只不过电视直播广告需要观众用打电话的方式购买商品。

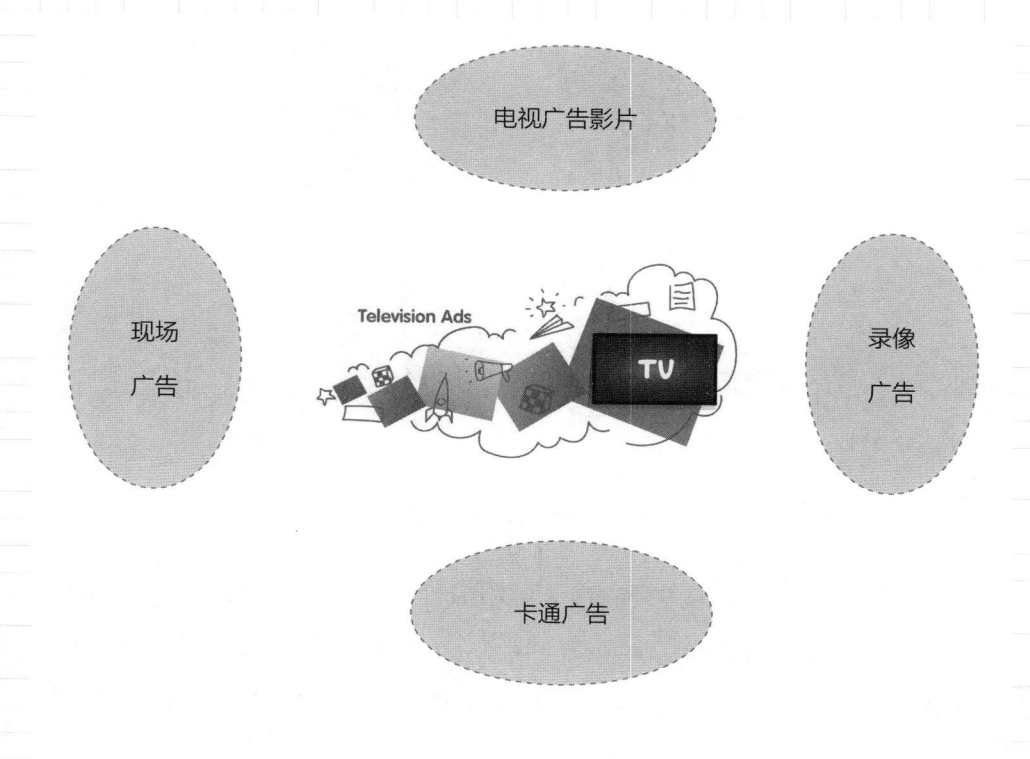

电视广告按制作工艺和材料分类

录像广告是电视广告里占比最大的广告形式，即用数码技术拍摄和制作广告成片，再放在电视上播放即可。其制作成本低廉，制作周期也短，深受广告商喜爱。

卡通广告，即利用动画设计制作广告，可以理解为一部十分简短的动画片，具有强烈的可观性，但有一定的成本。

◆ **实证型广告与戏剧型广告等**

电视广告按表现形式可以分为实证型广告、人物型广告、戏剧型广告和情绪型广告。

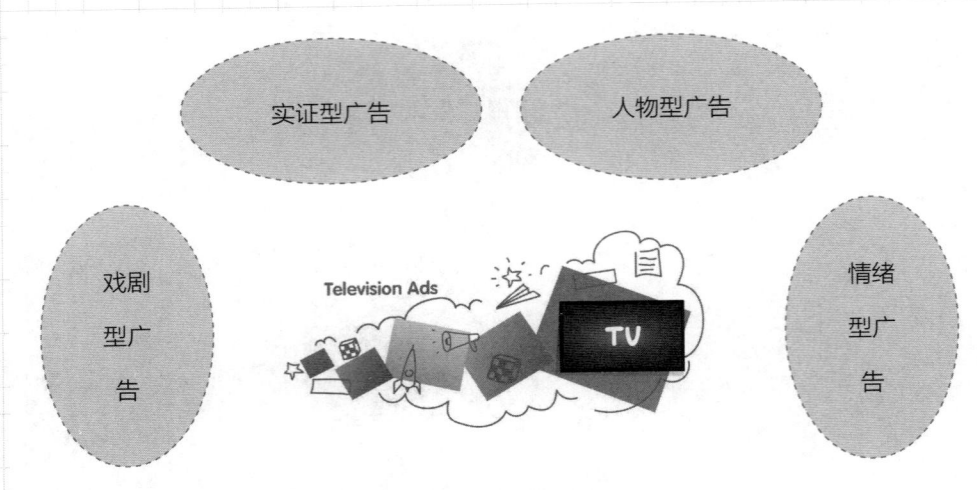

电视广告按表现形式分类

实证型广告与直播广告有很大的相似性，它会通过具体实操、使用等方式来展示产品性能，为观众当场示范、解析、实验等，以此来打动消费者。这类广告能够满足消费者眼见为实的心理，更易获得消费者信赖。

人物型广告是指通过某个人物推荐的形式而进行的广告。这个人物一般是名人、明星或者某个领域较权威的专家等，人物本身是具有一定的知名度或权威性。商家通过广告引导消费者将对这个人物的认可转移到对他们推荐的商品的认可，所以代言人应运而生。品牌希望能请到受大众认可的代言人以此吸引顾客，但同时代言人也肩负了非常大的诚信责任，如果产品出问题，对代言人的形象也会造成严重的影响。

戏剧型广告是指通过演员表演来表现产品性能的广告。戏剧性广告的场景和故事虽然是编撰的，但都是从现实生活中提取的素材，所以观众看这类广告不会觉得是强硬的推销手段，反倒会调动起自身以往的经验和感受，从而更易认同商品。

情绪型广告是指利用电视的视听语言产生特殊效果，来营造氛围、制造情调、渲染感情等。人都是感性动物，这种手法特别能引起消费者共鸣。该类广告从感性诉求出发，动之以情，使消费者对产品产生情绪认同。

广而告之

成也代言人，败也代言人

品牌方往往为了提高影响力和号召力，会邀请明星或者知名人士为商品或品牌代言，从而利用名人效应为品牌进行广告宣传。代言人和品牌方之间除了交易关系之外，本是相辅相成的互助关系，品牌方利用代言人的人气提高自己的品牌效益，同时代言人也可以借助品牌的文化内涵提高自己的形象。如果双方都能够认真思考并选择了正确的合作伙伴，可以说，代言是一个双赢的结果。代言人起到的正面积极的品牌形象联想，既能充分地体现品牌个性和文化，也能增加自己的魅力。但有的时候，企业并没有充分理解代言的作用，没有清晰的品牌定位，邀请的代言人并不符合品牌气质，结果是事倍功半，反倒使消费者感到迷惑。更严重的是，有些企业甚至把找代言人等同于邀请明星，结果同一个品牌不断地更换代言人，虽然每一个明星

> 都很有人气，但与品牌结合到一起后就失去了光彩，企业的整体品牌形象也因为错误的代言人走了下坡路。

6.2.2 电视广告的独特之处

与平面广告不同，电视广告因其独特的传播方式和表现方式，自然有着自己的独到之处。

◆ **画面性**

电视广告之所以能够吸引受众的注意力，首要原因就在于其直接的画面性。

沃尔沃汽车曾推出这样一则电视广告：

女孩从小在父亲的爱护下长大，就像是童话中的公主一样幸福，每次去参加亲朋好友的婚礼时，父亲都会开着沃尔沃汽车将要当花童的女孩送到现场。长大后，女孩自己也要结婚了，可是遗憾的是，父亲此时却患上重病，什么都不记得了。结婚那天，女孩让父亲当自己的花童，开着沃尔沃汽车送他去婚礼现场……

整个广告画面如同其要传达的广告信息一样，静谧、唯美，如童话一般,诠释了沃尔沃汽车给人们带来的温情,打动了众多消费者。

◆ **声画互补**

电视广告有着比平面广告更明显的优势,那就是视听结合,声画互补。因此,广告商可以充分利用电视的这一优势,为需要宣传的产品或品牌打造精彩的视觉盛宴。

美国贝尔电话公司曾发布过这样一条电视广告:

(画面)在一个平常的傍晚,一对老夫妻正坐在餐桌前吃晚餐。

(声音·电话铃声)就在这时,电话响了。

(画面)老妇人急忙走到客厅接听了电话,电话挂断后,又回到餐桌前。

(声音·老先生说话)"是谁的电话?"

(声音·老妇人说话)"是我们的孩子。"

(声音·老先生说话)"怎么啦?发生什么事情了吗?"

(声音·老妇人说话)"没有,没事。"

(声音·老先生说话)"没事?几千里打来电话?"

(声音·老妇人说话,夹杂呜咽声)"她对我说,她爱我们。"

(画面)这对老夫妻相顾无言,显得无比激动。

(声音·画外音)"用电话,来传达你的爱吧!"

看完这条电视广告,我们就很能理解了,如果电视广告只有画面,那么我们很难理解到贝尔电话公司想要传递的"用电话可以传递爱"的广告主题。同样的,如果只有声音,那么我们也不会被广告中温情的画面所感动,情感上不会有很多的波动。声画互补,正是电视广告得天独厚的优势。

6.2.3 电视广告的出圈人设

电视广告与平面广告相比，是一种动态的演示形态，对受众来说，电视广告的冲击力更强、感染力也更强，可以使观众产生更真实、更令人信服的感受。通过电视广告接收信息，观众的直观性感受最强，无论从娱乐性还是可信度来说，电视广告都是非常优质的选择。

由于电视的普及率非常高，几乎全国范围大部分地区都可以接收到电视信号，这就使电视的覆盖范围非常广泛，从而使电视广告也可以接触到极其广泛的受众群体。

最重要的一点，电视广告是最贴近生活的广告模式。电视作为人们生活中不可或缺的组成部分，电视广告也在不知不觉中伴随了一代又一代的人成长。电视广告侵入人们的生活是润物细无声的，人们无法选择去跳过电视广告，电视广告就是电视的一部分，也是现实生活的一部分。

【案例点击】

"青丝秀发，缘系百年"

纳爱斯集团下的"100年润发"洗发水品牌曾推出这样一则电视广告：

广告以一段京剧唱腔为背景音乐，演绎了男女主人公令人唏嘘的爱情故事，画面由现实到回忆，又从回忆到现实，虚实结合，将男女主人公从相识到相恋，再到分离与再见的故事表现了出来。而其中的高潮部分就是男主人公给女主人公洗头发的镜头。自古以来，头发在中国人眼中就有着独特的涵义，"100年润发"将中国人从青丝到白发，相爱百年的爱情传统融入广告中，给受众以极大的情感触动。

除了广告情节，这则广告中的其他细节也做得很好，比如其中的京剧元素，讲究的服装、道具，以及怀旧的色调都极具文艺感，使人们更容易沉浸在广告情境之中，难以自拔，"百年润发"的洗发水品牌也得以深入人心，受到广大消费者的热烈追捧。

6.3 广播广告——调动听觉感官，任你尽情想象

广播是指通过无线电波或导线传送声音的传播工具。20 世纪 20 年代，真正意义上的广播诞生。1920 年 11 月 2 日，世界上第一座有执照的电台——美国匹兹堡电台正式开播。广播的传播范围广泛，功能丰富，专业的播音员可以给听众带来强有力的声音盛宴。但某种意义上讲，广播是一种被动媒介，受众的能动性很差，虽然可以选择频道但不能选择节目，只能按顺序收听，而且节目一瞬即逝，错过就很难再听到，最关键的是，由于广播只有声音没有图像配合，如果遇到语言不通的情况则收听会非常困难。

广播广告是只通过语言、音效、音乐等声音要素来传递信息的广告形式。世界上最早的付费广播广告出现于 1922 年的美国。中华人民共和国成立后，商业广播广告也慢慢开始在中国的广播电台里流行开来。广播广告的加入，使广播更富有生机与活力。

6.3.1 广播广告的组合元素

广播广告的构成要素包括语言、音乐以及音响。

广播广告的构成元素

◆ **交流符号——语言**

如果说平面广告或电视广告可以用文字展示商品信息的话，那广播广告就是用非书面形式的语言，这种语言是指有声语言或听觉语言。广播广告里的语言肩负重任，几乎承担了广播广告要表达的所有信息。听众需要通过听觉器官来感知声音，通过声音来获取信息。故广播广告里语言的重要性不言而喻，所以广播广告的语言要求也非常高，首先，要清晰、易分辨，不能让听众听不清或听不懂，更不能用模棱两可的语言使听众困惑；其次，广播广告语言要优美、动听，能使听众通过声音就可以构建出画面。

◆ **和谐底蕴——音乐**

再完美的声线如果只是孤军奋战似乎都不免单调和乏味，所以语言与音乐的结合就是广播广告必不可少的模式。音乐是一种艺术形式和文化活动，更是一种特殊的声音系统。通过音乐，人们可以表达感情、思绪。音乐是非语义的声音，但它可以强化有具体含义的信息，使原本的内容更富有层次。音乐是个性的，它本身自带基调，也许是悲伤，也许是激昂，也许是快乐，当需要体现不同情绪的时候就要选用不同基调的音乐，音乐选得不合适往往会前功尽弃。同时音乐也是通用的，切合主题的歌曲往往并不唯一，同一支歌也可以适用于多种场景。

◆ **点睛之笔——音响**

除了语言和音乐之外，还有一类声音，这类声音占比很小，如果没有，似乎广告也很完整，但加上它可以使广告更真实、更鲜活，这类声音就是音响。音响一般分为三类，首先是自然声，比如刮风、下雨、打雷、流水、鸟鸣等，这些音响通常出现在背景音里，可以使语言构建的画面感更灵动；其次是机械声，一般为产品可能发出的声音，比如拧开饮料瓶的声音、敲击键盘的声音、自行车铃响的声音等，这类声音一般是用于展示产品性能或使用方法;最后是人物声,这里人物声是区别于语言之外的人在活动时发出的声音,比如鼓掌、大笑、哭泣、跑步、喘息、群杂等,这类声音可以更好地帮助听众设想使用产品后的直观感受。

【案例点击】

广播广告——中华牙膏

有这样一则中华牙膏的广播广告,大致文案如下。

晨间版:

(广播里响起清脆的鸟叫声,混合着轻柔的音乐声)

(接着出现了声音甜美动听的女声)"早上好,亲爱的听众们,刚起床的你是不是已经准备要刷牙了呢?你会选择用什么牌子的牙膏呢?

告诉您,中华牙膏有清新的水果香味,使用后能让你神清气爽,去试试看吧!"

晚间版:

(广播里响起虫鸣声,伴随着舒缓的音乐)

(接着是轻柔的女声)"晚上好,亲爱的听众们,睡觉前可别忘了刷牙哦!中华牙膏香甜的气息一定会帮助你甜美地进入梦乡的。晚安!"

> 这则广播广告中包含了语言和音乐，既用甜美的话语简明地表达出了中华牙膏气味香甜的特点，又用动听的音乐带给人极好的听觉享受，自然获得了很多消费者的欢迎。

6.3.2 广播广告的出圈人设

广播广告的特殊形式决定了其制作与播出成本相对低廉，所以对那些经济实力不够雄厚的中小企业而言，广播广告是他们最心仪的选择。并且广播广告可以接触到更多样、数量更庞大的受众，这与广播本身的特点有关。首先，广播信号遍布范围广泛，这就使民众可以无障碍地收听到广播；其次，收听广播很少受到空间和时间的限制，听众可以 24 小时随时随地地收听广播，还可以在做其他事的同时收听广播，传播效率更高。广播广告还有一个独有的优势，就是因为只有声音呈现给受众，所以留给受众的想象空间非常大，受众不再受固定的形象和思维限制，可以有更好的听觉享受。

6.4 网络广告——常变常新，引领时尚潮流

随着全社会进入信息时代，网络在人类生活中起着越来越重要的作用。这对于广告来说，绝对是不可放弃的传播媒介。网络广告，即通过网络平台，利用页面上的网幅、链接、多媒体等形式，将广告信息发布出去的模式。最初的网络广告出现于1994年的美国，三年后，中国也出现了第一则网络商业广告。网络广告虽然起步晚，但其发展迅猛，速度快、范围广、样式丰富，早已成为现代社会重要的广告传播媒介。

6.4.1 网络广告的组合成员

网络广告发布主要依托于不同的网络页面位置、样式、平台等，所以根据广告具体采用的形式，可以将网络广告大致分为以下几种类型：

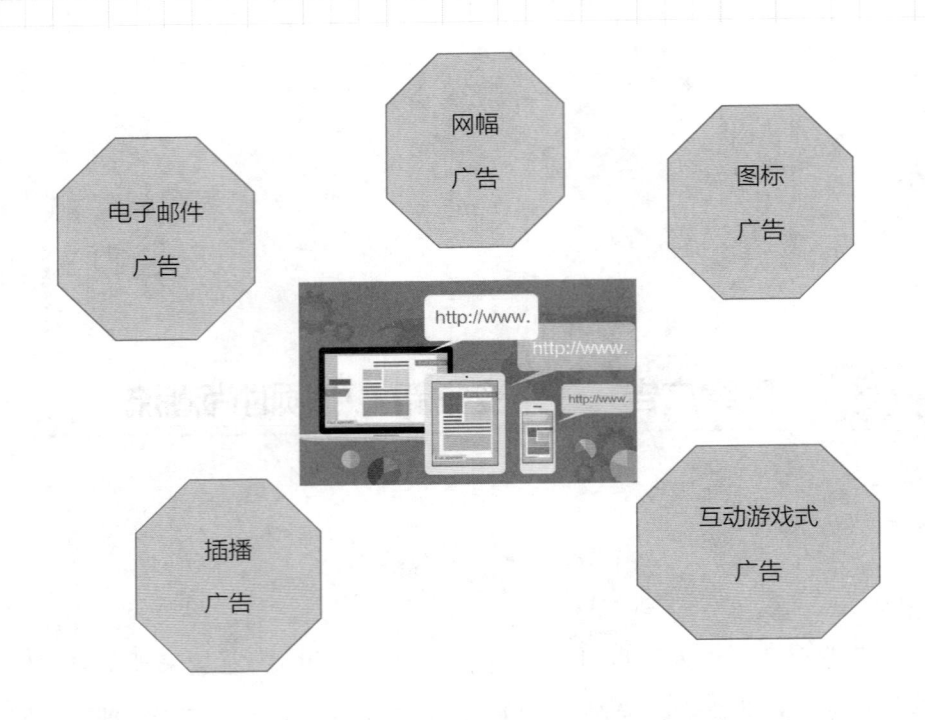

网络广告的类型

◆ **电子邮件广告**

电子邮件现在已经成为人们沟通交流的重要工具，人们每天使用电子邮件的频率也越来越高，因此电子邮件广告也随之横空出世，它以类似直邮广告的形式出现，直接发到潜在客户的邮箱里。电子邮件广告最大的优势就是价格优势，以往直邮广告或电话广告都需要支付高昂的电话费和邮费，而电子邮件则不同，发送速度更快更方便，并且成本几乎为零，也不用担心招致客户的不满。

电子邮件广告的发布虽然简便易操作，但是如果在内容上太过敷衍也是不行的，正确的做法是在文字上要仔细斟酌，要让用户感觉到自己受到了广告主的关注，觉得自己是特殊的。比如下面的校园招聘会广告就是一个很好的例子：

"亲爱的同学，您好，本公司计划于2021年3月12日星期五下午举行校园招聘会，在此诚邀您的参加，地点是×××。期待您的到来！"

◆ **网幅广告**

网幅广告因其形状多为长条形，所以又称旗帜广告、标语广告，又因其常位于网页页面上方，所以又称页眉广告。网幅广告是页面里的广告牌，上面只会标注一些提示性的关键词、核心的图片与指示等，若想了解详情，可以点击网幅版块，就可以进入详情面进行查看。

网幅广告受其篇幅限制，只能以简洁的文字来将广告信息精准地为受众表达出来，吸引人们的视线。比如双十一期间各大购物网站的网幅广告文案：

"大牌来袭

全场疯省

11月1日—11月11日

我们等您！"

◆ **图标广告**

图标广告可以理解为迷你版网幅广告，它们之间的区别也可以理解为面积大小的区别。但也正是因为图标广告大小有限，所以它属于一个纯提示型广告，没有空间写广告标语，更没有空间写广告正文，图标一般就是相应品牌商标或企业标志，用户可以通过点击图标查看详细信息，但一般很难通过图标广告直接获得非常有用的信息。

◆ **插播广告**

插播广告又称为弹出广告，顾名思义，就是用户在跳转网页时，系统会自动跳出一幅小网页，这个小网页通常会有比较吸引人的画面或文字诱导用户点击，点击后就可查看详细信息。很多用户对插播广告比较反感，主要是由于跟其他网络广告形式比，插播广告"侵略性"更强，直接跳出页面供用户观看，并且用户错误点击进入详尽页面的几率也非常大，这种情况就会对用户搜索网页造成困扰。但插播广告也能发挥作用，对于一些好奇心比较重的用户，若插播广告的画面足够新奇，他们也会点击。

插播广告很多都是促销广告，因此要注意在广告文案中传达相关的促销信息，比如家电促销的插播广告：

"年末清仓赔本大甩卖，赔本价×××！"

◆ **互动游戏式广告**

身经百战的用户已经越来越能完美地屏蔽广告了，所以为了进一步突围，广告商们就要想方设法用更多的方式投放广告。而用产品制作小游戏与用户互动就是典型的互动游戏式广告。这类广告表面上不是广告，而是游戏，而且一般都是无须用脑的简单小游戏。比如用沐浴露射击，此时该品牌的沐浴露广告就已经在不知不觉中将广告信息传递给了用户。这种广告的优点显而易见，客户不会排斥，而且乐在其中，这种潜意识的影响也比较容易提高消费转化率。但这种广告需要客户付出一定的时间成本去玩游戏，这就在一定程度上缩小了受众范围。

6.4.2 网络广告的出圈人设

　　网络的便利给网络广告带来了福音，网络广告有很多优势都是其他类型的广告无法媲美的。首先，网络广告可以实现自主发布。这是网络赋予每个网民的自由权益，所有人都可以自行创建网站，编撰信息，任意发送等，这种直线式的沟通省去了中间大量的人力、物力和财力。相对应的，发布者可以自由发布，接收者也可以即时反馈，信息的传递和反馈时间大大缩短就形成了一种交互式的沟通，所得的反馈也更具体和直接，商家就可以真正地获得第一手资料。其次，网络广告拥有无限容量的空间。其他任何形式的广告都有一定的限制，比如时长、版面等，但网络广告就没有这么困扰，即使是图标广告，用户也可以通过点击图标获得有关产品的一切信息。除此之外，各位广告商中意网络广告还有一个重要原因，那就是网络广告十分低廉的费用。无论是制作费还是传播费，网络广告都具有绝对的成本优势。

6.5 户外广告——是广告，也是装饰

无论是读书看报，还是上网看电视，这些媒体似乎或多或少都对受众有一些行为限制，那是不是说人们在户外活动的时候就无法看广告了呢？当然不是，为了填补这当中的传播空隙，户外广告应运而生。户外广告就是运用室外的传播方式进行广告宣传的形式。这样，即使人们外出观光的时候，也可以通过路牌等看到广告。所以很多商家都会投入一定的费用在户外广告上，而流动的人口也为户外广告发挥作用提供了基础。广义上讲，凡是在室外出现的广告都应归类于户外广告，比如卡通玩偶发宣传单、悬挂的广告条幅等。

6.5.1 户外广告的组合成员

虽然广义上的户外广告种类非常多，但最常见也最有代表性的户外广告

是路牌广告、霓虹灯广告等。

路牌广告

霓虹灯广告

户外广告的主要类型

◆ 路牌广告

路牌广告是指利用流通量大的交通路段，在广告架或墙壁等上面投放广告。交通路段可以是公路、铁路、轮船等沿线，来往行人越频繁越密集，位置越抢手。即使这样的位置费用比较昂贵，广告主也愿意将广告投放在相应位置，毕竟与广告费相比，高频次的广告传播量更有价值。

广而告之

陪伴等车人的路牌广告

公交、地铁是人们出行的重要交通工具，公交站和地铁站每天都会迎接大量的客流。故公共交通站点是广告主选择投放广告的极佳位置。理论上说，站点投放的广告没有硬性的广告类型要求，比如只能或不能投放电影宣传广告等，但随着城市的规划和发展，不同地域的站点，展示的广告也形成了一定的规律。

比如，北京中关村相对于北京其他地区来说，是科技区、学术区，中关村附近也尽是科技公司、大学高校等，由此可见，常常出入中关村的人群大比例会是从事相关行业或者有相关需求的人。因此，周边的站点路牌广告也往往以学习类、招聘类等广告为主。以海淀黄庄站为例，从刷卡出站到真正离开站台这条长长的走廊上，仅英语学习类广告就至少有三个，而且在出口处的电梯位置，还会有相关销售人员派发传单，多种宣传手段相互配合，达到里应外合的效果。

◆霓虹灯广告

如果说路牌广告是在白天的高峰路段称王，那夜晚它就要让位于霓虹灯广告了。霓虹灯广告可以理解为晚间的路牌广告，因为一般的户外广告，到了夜间就由于灯光的问题无法充分地发挥作用，但这个空白由霓虹灯广告完美填补。霓虹灯广告的意义不只是宣传，灯光本身的效果也为城市添加了生机和色彩。与路牌广告不同的是，霓虹灯广告成本十分高昂，但好在其夜间传播的优势无可匹敌，所以广告主仍对其十分青睐。但投放霓虹灯广告一定要注意位置，若与其他建筑物距离过近，霓虹灯效果很有可能被周围的灯光减弱，那霓虹灯广告的作用就全然尽失了。

路边的霓虹灯广告

6.5.2 户外广告的出圈人设

与其他广告媒体相比，户外广告无论在制作上还是在传播上，成本都较低，而且在一定时间范围内，可以说是达到了一劳永逸的效果。除特殊情况外，户外广告相当于 24 小时不间断播放的广告，只要有人流经过，广告就实现了传递，从这个角度看，户外广告可以较轻松地实现高度暴露频次。户外广告另一个优势就是对受众心理无干扰障碍，其他的广告媒介，除非是受众选择去看广告，否则广告多多少少都对受众正在做的事，比如看电视、听广播，造成了一定的干扰。而户外广告没有这个问题，它会在固定的位置展示，无论经过的行人做何种动作，户外广告都不会对其有影响，这样的话，受众对户外广告的负面情绪会少很多。

很多户外广告都共有的一大特点就是醒目，而这一点，我们可以通过对字体、字号、图片以及色彩等的设置来实现。以下面这幅路牌广告为例，即使人们站在离它比较远的地方，也依然能一眼就注意到广告的存在。

高速路上的广告牌

广告战略：文案、创意与传播

　　这是因为它采用了文字与图片相结合的方式，左边文字大约占整个版面的一半，文字部分还将最重要的广告语字体放大，这使得这句广告语在路牌上显得更加醒目。

　　而图片部分，图片的色彩鲜艳而又不失柔和，令人看起来十分舒服。图片的版面约占整个版面的一半，图文并茂的形式使得整个广告牌看起来非常漂亮，在户外显得尤为醒目。

学 以 致 用

　　原来广告遍布在这么多与人们息息相关的媒体上，不同的媒体广告形式各有优劣，合理地运用好各个媒介可以最大化地发挥广告的作用。如果你负责广告发行，现在你要投放一条关于恒温杯的广告，你该如何利用各个媒体的优势发行广告呢？

第 7 章 因势利导：不同传播目的的广告

　　不以宣传为目的的广告不是好广告，这是众所周知的理念。但一条广告到底宣传的是什么并没有固定的定义。通常情况下，人们提到广告第一反应就是有人要向他们推销商品了，这时候，广告宣传的就是产品、服务或者品牌等。但有时候，人们发现有些广告并没有给他们推销任何商品，相反，他们通过广告学习或者了解到一些其他信息，这时候，广告宣传的可能是一种理念、一种习俗，甚至是一个人。宣传目的的不同使广告分为了两派，以营利为目的的广告宣传是商业广告，不以营利为目的的广告宣传是非商业广告，而非商业广告里最常见的是文化广告和公益广告。这三类广告虽不尽相同，却都对人们的日常生活产生了重要影响。

7.1 营利至上——商业广告

商业广告的核心就是营利,广告里占比最大的类别也是商业广告。经济大环境的蓬勃发展,是商业广告迅猛前进的根基和后盾,正是因为经济环境大势良好,所以企业才需要大量的商业广告刺激鼓励消费者消费。与此同时,商业广告的欣欣向荣,既反映了经济发展的现状,也推动了经济前进。

各种类型的商业广告

商业广告覆盖的范围非常广，不同的情况下具有不同的商业功能，也需要不同的广告宣传策略。

7.1.1 产品（服务）广告

在商业广告中，我们最常见的一种类型就是产品（服务）广告，这其实也是最重要的一种商业广告。

要想制作出成功的商业广告，可以从两个方面来考虑——产品（服务）卖点及品牌形象。

◆ 突出卖点

既然是商业广告，那么就肯定是要以营利为目的了，这就要求产品或者服务广告要能够突出其所要宣传的产品或服务的独有的功能特征，即所谓的卖点。

在突出产品卖点方面，"舒肤佳"品牌的香皂就做得很好。

在"舒肤佳"进入中国市场之前，中国的香皂市场已被更早出现的品牌"力士"所占据，要想撼动它的地位绝非易事。

然而不过几年的时间，"舒肤佳"就做到了，它取代了"力士"的位置，成为中国香皂市场上最热销的品牌。"舒肤佳"的成功，离不开其广告宣传中对这款香皂的卖点的突出——有效除菌。

在"舒肤佳"的宣传广告中，有这样一句话："看得到的污渍洗掉了，那看不见的污渍怎么办？"通过播放孩子玩耍及大人工作时的各种场景，将生活中人们可能感染细菌的机会展现出来，并告诉大家手部感染细菌的严重性及及时杀菌的必要性，最后适时地为大家讲解"舒肤佳"的强大卖点——不仅能去除看得见的污渍，更重要的是能有效去除大部分的手部细菌，呵护全家人的健康。

当然，要想让受众在不知不觉间被产品（服务）的卖点所吸引，直白式的广告文案形式当然是不太合适的，广告商们最擅长的就是以故事、场景型广告来征服受众。

比如，立白洗洁精就曾推出这样一条产品广告：

一对年轻的夫妻采用剪刀石头布的形式来决定今天该谁去洗碗，结果是妻子输了，妻子不情愿地说："洗碗很伤手诶。"这时丈夫适时地提醒道"用立白吧！"广告最后，妻子端着洗得干干净净的碗碟，开心地说："用立白，真的不伤手诶！"

这条广告通过演绎温馨、轻松的家庭生活场景来宣传立白洗洁精的核心卖点——好用，不伤手，让受众在愉悦的观看体验中不知不觉地接受了广告信息，获得了很好的宣传效果。

【案例点击】

奔驰——保持稳定，神奇的身体控制

作为世界上最成功的高档汽车品牌之一，奔驰汽车在广告宣传上自然也没少下功夫，为了突出其强大

的避震效果，2013年奔驰汽车曾推出这样一则视频广告：

广告的主角是一只被人抓在手上的鸡，没错，是鸡，而不是我们期待的奔驰汽车。在动感十足的背景音乐中，这只鸡被人以各种姿势摇晃，然而即便如此，它的头自始至终都是纹丝不动。紧接着在视频中又出现了一群身体摇晃而头部丝毫未动的鸡——其场面是可想而知的滑稽！在最后的镜头中，出现了奔驰汽车的logo和广告语："Stability at all time，Magic Body Control"（保持稳定，神奇的身体控制）。

这则广告是怎样宣传奔驰汽车的卖点的呢？事实上，广告中的鸡其实代表的就是奔驰汽车，鸡身被不断摇晃，表示路面颠簸，而始终纹丝不动的鸡头则暗示了奔驰车强大的避震效果，也就是广告语中的"Stability at all time"。这则创意十足的广告一经推出，便圈粉无数。

◆ **塑造品牌形象**

除了突出卖点之外，产品（服务）广告还要能够有效塑造品牌形象。要想让某种产品（服务）在众多同类中脱颖而出，就不能不忽视塑造品牌形象的作用。

那么，如何才能塑造品牌形象呢？最有效的方式就是塑造商标人物，借助广告代言人的形象来达到传播的目的。

举一个例子，如果要为一款洗发水制作广告，其想要塑造的品牌形象是"回归传统，中药养发"，那么我们就可以寻找一些致力于宣传传统文化的明星，在无形间将这一明星的形象与洗发水品牌的形象相融合，加深受众对这款洗发水的印象。

英国的"舒味思"奎宁柠檬水就曾采用过这种通过商标人物来塑造品牌形象的广告方案。在"舒味思"奎宁柠檬水的广告文案中附了这样一张照片：制造师爱德华·惠特海身着做工考究的羊毛大衣，头戴礼帽，两手分别拎着一只公文箱、握着长柄伞。他从容地走下飞机，显得如此高贵而自信，气度不凡——这正是"舒味思"奎宁柠檬水想要传达的品牌形象。

7.1.2 促销广告

为了传播促销活动信息，吸引大量消费者前来参与，就需要我们制作促销广告。

由于促销活动的多样性特点，促销广告的形式也是丰富多彩的，有减价优惠式、随货附赠式以及抽奖猜奖式等。

广告战略：文案、创意与传播

促销广告的形式

◆ 减价优惠

减价优惠式的促销广告最常见的就是通过宣传折扣来吸引受众。比如我们在商场里经常能见到：

"换季大清仓，一大波折扣来袭~"

"新店开张，全场 8 折！欢迎选购！"

……

◆ 随货附赠

不过，减价优惠式的促销广告可不是对所有受众都能起作用，有的受众更倾向于得到一些更实际的利益，比如实用的生活用品、家电什么的，这就导致了随货附赠的促销广告的诞生：

"买就送！看得见的优惠，就等你了！"

"还在犹豫什么，即日起，凡来本店选购××用品，就送一件价值×××元的×××，数量有限，送完为止！"

……

◆ **抽奖猜奖**

抽奖或猜奖式促销广告通常适合在节庆日或者其他比较特殊的日子发布，以丰厚的奖项来吸引顾客的眼球：

"叮叮当，叮叮当，圣诞要来到！为迎圣诞，本店特设抽奖活动，重大惊喜等着你！"

"国庆长假去哪玩？抽奖活动告诉你！"

……

7.1.3 各类商业广告的宣传要点

◆ **食品类**

民以食为天，无论什么时候，人们对食物的需求量都是十分庞大的，这方面的商业广告自然也是非常的多。

食品类广告的宣传要点主要集中在两个方面：一是质量，二是味道。如果是老字号的食品品牌，则还可以对其历史文化进行宣传。

食品的质量问题当然包括了安全、卫生、健康等多项内容。以卫生为例，现在很多商家为了突出自己的食品卫生，都会在广告语中打出"独立包装，更卫生"等口号。

当然，除了基本的质量问题，大部分商家在广告宣传中更关注的还是食品的健康问题，因为这也是消费者关注的重点。现代人为了保健，强调饮食的天然、健康，要低糖、低脂、低热、少盐，这样才符合人体身体健康的需求，若是商家在广告宣传中涉及相关内容，自然也就更容易吸引受众的眼球。

在这方面，农夫山泉品牌就做得很好。农夫山泉有这样一句广告语："我们不生产水，我们只是大自然的搬运工。"这句广告语虽然朴实无华，但这样自然、平淡的叙述实际上更容易使受众接受其天然、健康的产品理念，令受众在不知不觉间对产品的健康产生信赖感。

食品的味道即口味与口感，人们虽然生活在快节奏的社会，但是对食品味道的要求依然没有减轻，饮食不仅仅是为了满足身体能量与健康的需求，也是为了感官的享受。在这方面也出现了很多比较经典的广告语，例如：

"滴滴香浓，意犹未尽"——麦氏咖啡

"康师傅方便面，好吃看得见"——康师傅方便面

"挡不住的诱惑"——佳宝九制陈皮

食品的历史文化是一些老字号的食品品牌在做广告宣传时经常会提及的，在广告语中比较常见的有"世家传承""传承百年"等词。

◆ 服饰类

都说"男人穿品牌，女人穿时尚"，因此在服饰广告宣传方面，针对男女装的不同，自然也有不同的关注点。

男人穿品牌，这里尤其指的是男士西装，因此在对这类商品做广告宣传时，要重点突出商品的质地优良、制作精美等特征。对于一些商务款式的男士服装，还可以加上"身份的象征"这种凸显品牌高端的话语。

女人穿时尚，这体现的是女性对美和潮流的追求，然而不同女性对美的定义不同，有的人认为青春活力就是美，有的人认为成熟性感才是美，因此商家在进行广告宣传时，也应该将女性对美的态度在广告中体现出来，这样才能吸引更多的目标受众。

◆ 日用品类

除了食品与服装，日用品也是人们生活中不可或缺的商品种类。

日用品类的广告宣传要点最主要的就是产品的功能。举例来说，对牙膏的广告宣传必不可少地要凸显其去除牙渍、清新口气、预防蛀牙、坚固牙齿等基本功能，在此基础上再考虑其亮白等附加功能。

如果是通过视频来对日用品类的商品进行广告宣传，那么需要注意的是，一方面，在视频中要向受众展示该类商品的使用场景，比如拍水杯广告，最好出现与喝水相关的镜头，而洗衣粉广告中则适合出现洗衣服的镜头；另一方面，可以在广告中多营造一些生活化的气氛，比如在拍儿童洗护产品的广告时，可以展示爸爸妈妈和孩子一起玩耍、其乐融融的镜头，让广告看起来更有家庭气息。

◆ 电器类

电器的使用时间一般都会比较长，而且价格不低，对于这类商品的挑选，消费者自然不会马虎，对其品牌、质量、价格及售后服务等都会有综合的考量，而这些正是商家在广告宣传中应注意的要点。

和其他商品相比，电器类产品的独特之处就是其科技含量比较高，在科学技术日新月异的信息时代，电器产品的更新换代速度同样是极快的。以手机为例，如今大部分人大概每两年就要换一部手机，有趣的是，很多人换手机并不是因为手机质量出现了问题，而只是因为想要拥有新一代的手机，跟上科技与时尚潮流。因此，在推广手机广告时，如果只是将卖点放在手机的质量上，那是很难吸引受众的，正确的做法是将卖点集中在该款手机的"新"上，或者是新的外观设计，或者是新的科技等。

除了手机，各种家用电器，比如空调、洗衣机、电视等也是商家进行广告宣传的集中点。对于这种家电类产品，一方面同样可以致力于凸显其新型科技含量，另一方面也可以添加一些时代亮点，比如当代人追求的节能、环保等元素。

7.2 追求品质——文化广告

有一类广告，旨在传播有关新闻出版、电影戏剧、文学艺术、体育卫生、科学教育、广播电视、图书馆、博物馆等文化、艺术信息等，这类广告被称为文化广告。

文化广告满足的是受众的精神生活需求，因此应根据不同圈子的人的不同喜好，有针对性地传播广告。

文化广告的内容明确，比如艺术展览，广告里会明确标出展览内容、时间、地点以及注意事项等。

这类广告虽然有时也需要受众消费相应的文化产品，但并不能说文化广告的目的是营利。

首先，仍有大量的展览或活动等是无偿的；其次，这些活动的文化宣传意义和作用远大于门票的收益，并且它们的收益方式并不依赖于门票，相关周边产品等才是主要的收入来源。

文化广告在空前繁荣的文化产业兴起中应运而生，在庞大的文化产业支持下，文化广告也在不断改革进步，以期进一步助力文化产业发展。

首先，文化广告本身就是文化产业不可分割的一部分。

广告本就是一种兼具经济与文化双重性质的传播方式，而文化广告更是广告中的文艺青年，它的艺术性更强。

《北京晚报》曾推出过这样一则文化广告文案：

文案的开头描绘了一个普通的、非常生活化的场景："一场深秋的雨，从昨天午后一直下到今天。"紧接着是"我"和熟悉的报摊主的对话："来一份昨天的晚报！"摊主疑惑，"我"则满心欢喜："我喜欢收集老电影，却从没买到过昨天的晚报"——这是对《北京晚报》的广告宣传语"晚报不晚报"概念的艺术化诠释。

另一方面，文化广告的传播宣传功能，是促进文化产业发展的重要手段。

广告的本质就是传播和宣传，而文化广告增添了广告的文化背景，从而使文化广告肩负起了文化交流的任务。

文化广告的传播过程，是大众彼此间共享社会文化的过程，一种文化通过文化广告被传送、强化，最后实现被公众接受。

文化广告与其说是在宣传文化产品，不如说是在激发受众内心的文化需求，从而进一步影响人们的文化倾向。

文化广告对大众的影响是潜移默化的，它不张扬，有种孤芳自赏的骄傲感，但桃李不言下自成蹊，欣赏它的人自然会驻足观赏，然后文化传播目的就这样悄无声息地实现了。

《北京晚报》还有另一则宣传"晚报不晚报"概念的文化广告：

文案中的"我"是一个早已习惯了快节奏生活的人，甚至将每天读报的休闲时间也变得程序化、机械化，"每天坚持像读文件一样读报"。直到有一天，同事告诉"我"："报纸不是那样读的。"当"我"停止程序化的阅读时，竟然听到了"光线穿透玻璃、穿透空气、穿透文字、穿透心的声音"。

这则广告文案实际上为我们宣传了《北京晚报》的文字中充满人文关怀的理念，令读者在温暖、细腻的广告文字中领悟到了：报纸不是冰冷的印刷产品，它可以传达令我们心灵感动的声音。

文化广告的独特之处

如果是为服装做广告，我们可以重点突出产品的舒适性、时尚性特点，如果是食品广告，那么食品的健康、美味等特点便是需要重点突出的内容。而对于文化广告，我们不能只是着眼于表现产品或服务本身所具有的特质，更重要的是要挖掘文化产品所代表的意义或价值。这也就是说，文化广告是一种致力于从精神层面对产品进行宣传的广告，它迎合了受众对提高自己的文化水平和精神修养的内在需求。

7.3 正向指引——公益广告

非商业广告里最重要的一类广告莫过于公益广告了。公益广告又称公共广告。公益广告的使命如同其名，维护社会公益，辅助改善甚至解决社会的公共问题。所以，公益广告的信息内容一般包含环境、教育、道德、交通、健康、公共服务等。每一类都是着眼于当下人民以及政府最关心的社会问题，与公众利益密不可分。

公益广告是非商业广告，所以它并不以获利为目的，并且公益广告面对的对象是整个社会，是所有人的共同利益，它绝不会专门为了某些团队或组织服务。尤其要注意的是，有些企业广告会宣传自己所承担的社会责任和义务，当然，企业的尽责行为值得众人学习，但这不是公益广告。

随着精神文明建设的重要性越来越明显，公益广告也随之提高了地位。虽然公益广告不营利，但是企业、媒体以及政府机构还是会赞助经费，由特定行政部门策划传播，对于企业来说，参与公益广告活动本身就已经是很好的宣传方式。

中国第一条公益广告

公益广告最早出现是在 20 世纪 40 年代初的美国。我国公益广告的历史很短，只有 30 多年的时间。1986 年，贵阳电视台播出了我国首则公益广告《节约用水》。

该广告出现的契机是 1986 年贵州遭遇了大干旱，水资源顿时严重缺乏，节约用水已经不是一个长远发展的策略而当下必须采取的措施。为了唤醒公众意识，贵阳市节水办公室和贵阳电视台进行合作，制作了这部"请君注意，节约用水"的公益广告。该广告简单直白，将画面与文字相结合，充分发挥了其影响力和感染力。播出后，反响剧烈，而且节约效果十分明显，据统计，在当年第四季度，用水量同比去年少了 47 万吨。该公益广告的意义不仅是第一则公益广告这么简单，它发挥的作用更是为今后的公益广告砥砺前行打下了坚实的基础。

7.3.1 不同主题的公益广告

公益广告不像商业广告那样复杂，区分公益广告只要看广告具体的主题即可。

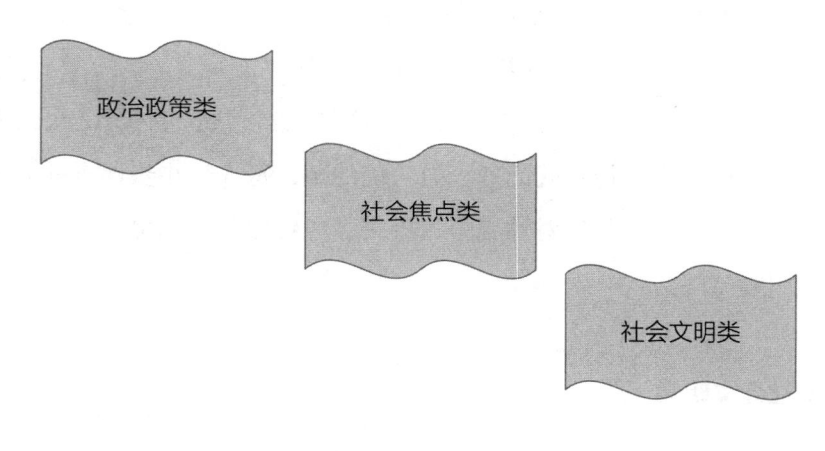

政治政策类

社会焦点类

社会文明类

不同主题的公益广告

◆ **政治政策类**

公益广告是国家政府非常实用的宣传工具，国家的很多指导社会发展的政治主张或理论，如精神文明建设、构建和谐社会等，都需要通过公益广告的形式向大众普及。通过公益广告，大众可以以最快捷且方便的形式了解国家的政治方向，轻松愉快地学习国家政策，从而更好地实践符合国家要求的政治纲领。

◆ 社会焦点类

新闻是民众了解社会热点的重要途径，除此之外，公益广告也肩负起了反映社会焦点问题的重任。

比如，反映大学毕业生就业难的公益广告：

"空有一身本领，奈何无用武之地——千里马还需伯乐来识。"

倡导缓解北京交通拥堵的公益广告：

"道路畅通人人爱，有你参与更精彩！"

该类公益广告，一是要向大众告知这些现实问题，引起民众关注意识；二是呼吁大众要持正确的理念做正确的事，每人一小步促进社会迈出一大步。该类公益广告针对性更强，相关性也更强，因此更易与民众达到共识、引起共鸣。

◆ 社会文明类

公益广告的传播使命里，还有一条就是要向公众传播有利于社会进步的道德准则及行为方式。中国文化的核心之一就是一个"礼"字，作为礼仪之邦，中国有很多优秀的传统思想值得歌颂和宣扬。很多城市街道的墙壁上，都会画有一些生动形象的卡通人物来表达各种道德主题，比如尊老爱幼、以和为贵、谦虚互让、拾金不昧等。这些简单的广告都是该类公益广告的典型代表，它们为教育国民起到了积极作用，并且加深了民众内心深处的民族精神和民族自豪。

社会文明类的公益广告在央视频道最常见，比如有这样一则关于关爱空巢老人的公益电视广告《老爸的谎言》：

视频一开始，是一位老父亲一个人坐在空荡荡的家中，视线凝聚在桌子上的电话上。

接着是这位父亲与女儿通话的声音:"闺女啊,我和朋友一起出去玩了,然后我们一起排节目,挺忙的……"这时出现的是父亲穿戴整齐,慢慢地走出家门的镜头——父亲是要出门见朋友吗?

"没问题没问题,挺好的,我啊,吃得饱,睡得香,从早忙到晚。我啊,一点都不闷,那么多朋友。"然而此时镜头一转,竟是父亲出门后各种独自一人的镜头——一个人坐在街边、一个人坐在河边、一个人……形单影只的模样,令人心头一颤。

"你妈,你妈妈……没在啊,她出去跳舞去了,没……没事,没事,挺好,没有事的,你放心吧。"这时出现的镜头是,父亲一个人拎着一袋橘子,来到了医院,在长长的医院走廊里等着,依旧是孤身一人。

"你啊,好好工作啊,不要担心我们俩。"

——镜头中,母亲手里拿着剥好的橘子,父亲一边看着她吃,一边握住了母亲的手,两人笑了笑,一起看向窗外——其实在这位父亲的生活中,唯一能和他做伴的,只有身边的老伴儿。

——"你忙啊,就挂了吧。"

镜头回到最开始的家中,依旧是父亲一个人坐着,手边是女儿的照片,他站起身,又看起了墙上的老照片……

视频中出现了最后一句旁白:"老爸的谎言,你听得出来吗?"

这则短短两分钟不到的广告,看似平淡、简单,却将空巢老人的孤独展现得淋漓尽致,令很多人为之落泪。其倡导广大民众多回家看看,多关心家里年迈的父母的主题,也在不经意间刻在了人们的心中。

【案例点击】

公益广告——"一分钱"

有这样一则名为"一分钱"的广播公益广告作品，主要内容如下：

（声音）：闹市中的嘈杂声

（一个小孩的声音）："妈妈，看，我捡到了一分钱！"

（旁白）："假如你的孩子在街上捡到了一分钱，你会对他说什么？"

（人物甲的声音）："好脏，快丢了，回家洗手去！"

（人物乙的声音）："我的傻孩子，现在谁还要一分钱啊！"

（人物丙的声音）："把它交给警察叔叔吧！"

（音乐）："我在马路上，捡到一分钱……"

（旁白）："也许，我们该记住的不只是一首儿歌。也许，我们该捡起的不只是一分钱。"

这条广告虽然简短，却令很多人心头一颤。是啊，一分钱虽少，但那也是亿万财富中的一份，爱护人民币是我们每一个公民应尽的义务，勤俭节约、珍惜物品是我们中华民族的传统美德。广告中的儿歌很容易让人们想起几十年前那个虽艰苦，却无比崇尚美德的年代，给人留下了很深的印象。

7.3.2 公益广告的独特宣传之道

公益广告既然承担着向社会大众普及国家政策、反映社会焦点、宣扬社会文明风尚的重大责任，便不可不拥有一套独特的宣传之道，以达到其宣传目的。

◆ **直接倡导**

如果要向受众提倡一种思想或者倡导一种行动，直接倡导的方法是最直接，也是非常有效的公益广告宣传手法。

在生活中，我们经常能看到很多直接倡导型的公益广告词：

"拯救地球，一起动手。"

"垃圾回收，举手之劳。"

"无偿献血，从我做起。"

"保护环境，就是保护自己。"

……

直接倡导的广告宣传手法有着简单明了、直截了当的优点，而且不会引起任何歧义，可以令受众迅速明白其宣传的主题，知道自己该怎么做。

例如，美国电视台曾发布过这样一则公益电视广告：

一群小孩在一起亲密无间地玩耍，他们都来自不同的国家，比如伊拉克、以色列以及塞尔维亚等。接着，屏幕上出现了一行字：为了孩子，停止战争吧！

这则广告十分简短，却直接利落地展现出了其呼吁停止战争的主题，让受众在短时间内接收到了这个广告信息，这就是直接倡导型公益广告的优点。

◆ 以情动人

相对于直接倡导，以情动人的公益广告宣传手法无疑难度更大，它需要将说理、叙事、情感等多种元素相结合，呈现出能够打动人心的广告作品，引发受众对其主题的关注与思考。

有这样一则呼吁人们不要过度沉迷于电子产品，多关注身边的亲人的公益广告：

镜头一：儿子虽然在母亲身边，但只顾着看手里的手机，没有注意到母亲眼中的落寞。

——画面文字："24小时紧握手机，但你握紧过母亲粗糙的双手吗？"

镜头二：丈夫在屋里悠闲地刷着微博，而妻子一个人里里外外地忙活，脸上的汗珠清晰可见。

——画面文字："每5分钟刷新一次微博，但你擦拭过妻子脸颊的汗水吗？"

镜头三：爸爸盯着眼前的电脑出神，孩子站在门外看着爸爸，渴望着爸爸的陪伴。

——画面文字："18000秒盯着股市出神，但你回望过孩子渴望的双眸吗？"

广告中并没有任何关于"放下手机（电脑）"之类的文字，但是我们还是从画面中"母亲""妻子"以及"孩子"或落寞或渴望的眼神中读懂了它的主题：暂时放下电子产品，多关注身边的亲人。这就是以情动人式的广告宣传之法的独特魅力——它不给你讲大道理，只是用细腻的情感来打动你，并产生持续性的影响。

◆ **提出警示**

使用提出警示的宣传手法的公益广告一般都是非常严肃、庄重的，告诉人们如果不停止某种行为，会产生什么后果。

比如，有这样一则打击非法集资的公益电视广告：

镜头一开始，是一个穿着干练的男人正在公园里与周围的人们谈话，而他身后的横幅告诉了我们谈话的内容——"高收益，零风险！"

接着，围观的人越来越多，他们一个接着一个将自己手里的钱交给那个男人。

就在这时，一个牢笼从天而降，男人被抓住了。——屏幕顿时变黑，几行大字浮现：拒绝高利诱惑，远离非法集资！

整个视频张弛有度，从一开始的安谧——美丽的公园，到接下来的紧张——围观群众越来越多，画面越来越快，到最后的戛然而止——男人受到法律的制裁，令受众的心情也不由得跟着画面进度变得越来越紧张，到最后倒吸一口气。这就是提出警示型广告的强大威力。

◆ **讽刺批评**

除了直接警示，有时候公益广告也会使用间接的讽刺批评的手法来披露社会上不良的行为或现象，指出其危害性。

例如，有这样一则呼吁保护树木，禁止乱砍滥伐的公益广告：

在一望无际的大森林中，躺着一棵被砍倒的树。镜头逐渐聚焦，对准这棵树的年轮——它代表了树木的年龄，当镜头对准中间那一圈年轮时，出现了一行字幕：拿破仑出生。

接着，镜头随着年轮的分布不断往外拉，依次出现了"梵·高出生""爱因斯坦出生"等字幕。

最后，当镜头对准这棵树最外层的年轮时，出现了这样一行字幕：砍倒这棵树的那个该死的家伙出生了！

这则公益广告的讽刺意味十足——若不是因为有人乱砍滥伐，这棵历史悠久的树怎么会死？如此一来，该广告想要呼吁禁止乱砍滥伐的主题便不言而喻了。这也正是运用讽刺批评手法的公益广告的独特之处——批评得很尖锐但又表现得十分含蓄，更容易使受众接受。

◆ **寓教于乐**

虽然公益广告都是比较严肃且充满正能量的，但是如果一味采取说教的方式来表现主题，不免让受众觉得单调乏味，并且容易使受众产生逆反心理，产生相反的效果。

而如果能适时地使用轻松幽默的方式来表现主题，那么效果就大不一样了。在轻松幽默的氛围中，受众很容易会被广告所吸引，并在会心一笑中记住了其所要表达的主题。

例如，央视就推出了这样一则幽默的法治公益广告《英雄篇》，该广告分为三段镜头。

镜头一：

一老板正在呵斥员工："上班不许迟到！"员工正要辩解，老板紧接着说："就算你没有迟到，工作完成了吗？"员工赶忙把完成的一大叠工作递过去。

岂料老板继续挑刺："就算你工作完成了，浪费这么多纸也是不对的！"然后把纸张一甩："你也给我走人！"

就在这时，一阵狂风吹来，只见那名被呵斥的员工竟然摇身变成了济公！手上的扇子上五个鲜红的大字清晰可见：劳动合同法。结果可想而知，老板被济公的气势给震住了，立马弯腰道歉。

——字幕：有法律撑腰，做自己的大英雄。

镜头二：

一对夫妻正在吃饭，期间丈夫不断对妻子做的饭菜发出牢骚，一会说太咸一会又说太淡，妻子无奈地说，下次会好好做。

然而丈夫还是不满意，喝了一口酒之后，举起手似乎就要打妻子。这时，又是一阵狂风吹过，只见面前的妻子变成了花木兰，手持刻着"妇女权益保护法"的宝剑。丈夫顿时吓得酒醒了，满脸堆笑，用巴掌拍了拍自己的脸向妻子认错。

——字幕：有法律撑腰，做自己的女英雄。

镜头三：

一个消费者拿着刚买的棒球棒打棒球，谁知没打几下，球棒就断了。消费者找到老板，老板一脸嚣张地将旁边"童叟无欺"的牌子翻过来，变成了"概不退换"。

狂风过后，消费者竟然变成了手持金箍棒的齐天大圣，刚才还气势汹汹的老板瞬间举起手来投降认错，只见金箍棒上写着几个大字——"消费者权益保护法"，老板最后哭着把钱赔给了消费者。

——字幕：有法律撑腰，做自己的大英雄。

这则广告以三个轻松幽默的镜头表达了同一主题：法治。篇名为《英雄》，然而什么是英雄呢？通过这些充满戏剧性的镜头我们知道了，英雄既不是霸气回击刁钻老板的济公，也不是持剑维护妇女权益的花木兰，更不是棒打黑心卖家的齐天大圣，英雄是我们自己，是我们每一个普通的公民。该广告就是要告诉我们，在遭遇违法事件时，要学会利用法律的武器来保护自己，捍卫自己的权益。

◆ **打破常规**

打破常规，从独特的视角出发来表现主题，这样的公益广告往往很能吸引受众的注意，可以达到很好的主题宣传效果。

例如，有这样一则公益广告，广告一开始，就出现了许多打破常规的画面：瀑布的水逆流而上，蒲公英的种子重新聚拢，太阳落回东方，运动员回到起跑线上，火车退回家乡，烟花重回地面，雪花返回天际……看到这些，受众会觉得一头雾水——怎么跟我们的常识是不一样的？广告到底是要说明什么呢？

看到后面，我们才渐渐明白，原来这是一场时光倒流，所有的事物都回到了原点，"我"回到了小时候，而"你"还在我身旁。这里的"你"指的是母亲（父亲），广告最后打出的字幕是：莫非要一场时光倒流，才能让你留在父母身边更久。这句话揭示了该广告的主题——珍惜身边爱你的父母，珍惜所有的美好时光。

这则广告虽然乍看起来令人觉得十分不解，但当受众了解了其内涵意义时，便会恍然大悟，同时陷入对主题内容的思考。这样便达到了公益广告宣传、引导的效果。

◆ **系列宣传**

系列宣传，指的是利用系列广告来宣传公益主题。

那么，什么是系列广告呢？所谓系列广告，其实就是指主题相同的一组广告,即广告的数量不止一个,但其想要表达的主题都是一致的。

利用系列广告循环加强的效果,可以使公益广告中想要表达的主题思想更具说服力,同时也更能深入人心,它比单独宣传一个广告产生的效果更为持久,也更有效。

一则好的系列公益广告能够激起受众对该主题广告的强烈期待,引发持续关注度,产生持续影响力。能满足这一特点的,不能不提到央视的"春节回家"系列公益广告。

春节回家,是几千年来一代又一代中国人不断延续下来的亲情信仰。每逢春节前夕,"回家"便成了每一个中国人心中最热切的期盼,回到家乡,回到父母、孩子、亲人身边,这是任何人、任何事都无法阻挡的。

为了强化"回家"这一公益主题,在2013年的春节期间,央视推出了"春节回家"的系列广告,为国人上演了一组关于回家的"情感大片",深深触动了每一位中国人的心。

"春节回家"系列广告的主题语是:"没有什么能够阻止我们回家的脚步。"该系列广告共分为五篇。

第一篇:《迟来的新衣》

广州——贵州,1300多公里

一群在广东打工的农民工,在春节前夕骑行五天四夜回到老家贵州,途中,他们经历了恶劣的天气,走过了颠簸的山路,然而他们脸上始终洋溢着幸福的笑容——只要能回家,这些困难都不算什么。能够回家过年,能够为一年没见到的孩子穿上早就买好的新衣服,能够和一家人一起热热闹闹地吃上一顿团圆饭,这一年在外打拼的辛苦都值了。

第二篇:《过门的忐忑》

重庆——福建,1700多公里

"80后"福建小伙庞建辉在重庆工作时认识了现在的未婚妻,然而因为工作原因，他一直抽不出时间将未婚妻带回家给爸妈看看。今年过年，小两口好不容易才买到了回家的火车票，两人坐汽车、转火车，最后乘船回到了日思夜想的家乡。能够回家和爸妈过一个团圆年，能够让爸妈好好看看还未见过的儿媳妇，这一路的辛苦都值了。

第三篇：《家乡的滋味》

非洲，喀麦隆——牡丹江，海林，10000多公里

从非洲到中国东北，工程师刘春生回家要换乘8次，从飞机到火车再到汽车，横跨了几个大洲，历时两天一夜。看到东北大地上白茫茫的积雪，刘春生的心都沸腾了，见到了家里的爸爸妈妈，他忍不住鼻尖发酸——这一路太不容易了。然而能够回到熟悉的故乡，能够见到久未谋面的爸妈，能够吃一口妈妈包的饺子，路上再怎么折腾，也值了。

第四篇：《63年的团圆》

中国台湾——上海，1000多公里

老人李景春自从十岁时来到台湾，便再也没有回过故土，已经63年没有见到过故乡的亲人了。今年，李景春老人踏上了回家的旅程，回到了令自己魂牵梦萦的家乡。能够见到63年未见的哥哥，能够重新回到这片熟悉的土地，能够在母亲的遗像前说一句"我回来了"，这一切，都值了。

这则系列公益广告可谓是倾注了创作者的心血，从贵州崎岖的山路，到福州翻涌的海面，再到黑龙江白茫茫的雪地，总有那么一个镜头直戳分布在五湖四海的中国人的心，这就是系列广告的魅力。而四篇广告的"春节回家"的同一主题，无论是对父母、孩子的牵挂，还是对家乡、亲人的思念，每一个人都可以在这组广告中找到心灵的共鸣，这也是采用系列形式推广的公益广告的魅力。

7.3.3 公益广告的力量不可小觑

公益广告的出现就代表了社会文明的进步，而公益广告的发展又会进一步促进社会文明的提高。

首先，公益广告可以向大众宣传正确的思想。

我们要建设社会主义精神文明，为公众普及正确的思想是十分重要也是十分必要的。比如，公交车上最常见的公益广告就是"请为老幼病残孕让座"，虽然这并不是强制要求，也不具备法律效力，但简单的一句话可以呼吁各位乘客为更需要座位的人谦让一步，一人让，人人让，不知不觉中，国民素质就得到了提高。

其次，公益广告可以调节社会的和谐氛围。

面对众多现实的社会问题，民众往往处在一个焦虑又无奈的困境当中，很多时候他们也想去解决当前的局面，却不知所措，负面情况积攒过多就容易产生错误的过激行为。而公益广告直面这些问题，一方面它从精神上积极鼓励大家，不要害怕眼前的问题，另一方面，很多公益广告也会为公众指出一个大方向帮助他们前行。比如，面对下岗和再就业问题，很多家庭面对突如其来的失业很难妥善处理，失业很容易引起一系列家庭矛盾，甚至造成社会问题。公益广告可以采用相关主题，鼓励下岗人员不要气馁，并支持他们再就业，更进一步可以留下一些电话等联系方式为这些下岗职工提供服务。在这样的多重帮助下，公益广告就完美地促进了社会和谐。

最后，公益广告可以对灾难隐患起到警示作用。

公益广告除了告知大众要做好事，还告知大众不要做坏事、危险的事。比如，地铁的广告屏上经常循环播放的就是地铁站行人规范守则动画。这个动画利用卡通形象，告诉人们从进入地铁站到走出地铁站每一步的注意事项。包括乘坐电梯时，要注意不要将围巾等衣物拖地，以防夹到电梯里造成危险；上下地铁时，要等地铁门彻底打开后再行动等。这些其实都是非常日常的小事，但多一人看到，乘客就多一分安全。

学以致用

现在看来，广告的社会意义非常重要，它不只是买卖商品的手段。在你上下班的路上，你都能看到哪些广告呢？它们是商业的还是非商业的？这些广告对你的生活有什么样的影响和作用呢？如果让你设计一则公益广告，你会如何设计，并采用哪种宣传方式呢？

参考文献

[1] 陈培爱. 广告传播学 [M]. 厦门：厦门大学出版社，2009.

[2] 陈尚荣. 广告传播概论 [M]. 北京：国防工业出版社，2012.

[3] 程金福. 广告传播引论 [M]. 上海：复旦大学出版社，2016.

[4] 程宇宁. 广告创意：从抽象到具象的形象思维（第 3 版）[M]. 北京：中国传媒大学出版社，2017.

[5] 冯莉. 广告学 [M]. 北京：中国铁道出版社，2016.

[6] 付强. 广告创意 [M]. 武汉：武汉理工大学出版社，2010.

[7] 郭有献. 广告文案写作教程 [M]. 北京：中国人民大学出版社，2019.

[8] 何清湖，姚东明. 广告学 [M]. 北京：中国中医药出版社，2018.

[9] 胡万华. 广告传播 [M]. 北京：中国经济出版社，1995.

[10] 胡晓云. 广告文案 [M]. 杭州：浙江大学出版社，2009.

[11] 乐剑峰. 广告文案 [M]. 上海：上海人民美术出版社，2009.

[12] 乐剑峰. 广告文案 [M]. 北京：中信出版社，2016.

[13] 李金蓉. 广告设计与创意 [M]. 北京：清华大学出版社，2015.

[14] 李中流，张淑杰. 广告文案 [M]. 北京：中国建筑工业出版社，1999.

[15] 刘刚田. 广告创意 [M]. 合肥：合肥工业大学出版社，2011.

[16] 曲超. 广告创意策划文案写作指要 [M]. 北京：北京工业大学出版社，2015.

[17] 任莉. 广告设计与创意表现 [M]. 北京：人民邮电出版社，2017.

[18] 史磊. 广告创意设计手册 [M]. 北京：清华大学出版社，2020.

[19] [英] 威廉姆斯著；李文娟译. 30 支经典广告案例：从创意到实现 [M]. 北京：北京美术摄影出版社，2014.

[20] 吴海浩. 广告文案写作教程 [M]. 杭州：浙江大学出版社，2013.

[21] 吴建. 广告传播教程 [M]. 成都：四川大学出版社，2012.

[22] 徐小娟. 广告传播学 [M]. 北京：首都经济贸易大学出版社，2016.

[23] 许传宏. 广告文案 [M]. 上海：上海人民美术出版社，2008.

[24] 许广崇. 攻心为上 88 个经典广告策划 [M]. 长沙：湖南科学技术出版社，2013.

[25] 严三九. 广告文案 [M]. 北京：中国建筑工业出版社，2007.

[26] 张微. 广告文案写作（2 版）[M]. 武汉：武汉大学出版社，2008.

[27] 张微. 广告文案写作（3 版）[M]. 武汉：武汉大学出版社，2017.

[28] 张旭，刘贝利，刘红伟. 广告文案 [M]. 西安：西安交通大学出版社，2014.

[29] 章军. 广告传播理论与实践 [M]. 合肥：中国科学技术大学出版社，2018.

[30] 郑建鹏，李建萍. 广告文案写作 [M]. 北京：中国传媒大学出版社，2017.

[31] 周渡. 广告文案写作教程 [M]. 北京：对外经济贸易大学出版社，2012.

[32] 李洁秋. 公益广告的作用及其发展探究 [J]. 东西南北. 2019（24）.

[33] 刘金玲. 浅谈文化广告与文化产业 [J]. 山东视听（山东省广播电视学校学报），2005（08）.

[34] 唐军. 浅论广告海报设计中以小见大的无限表现力 [J]. 工业设计，

2015（10）.

[35] 张品良. 文化广告与文化产业的发展 [J]. 当代传播，2004（01）.

[36] 赵韵文，陈相雨. 浅谈商业广告"讲导向"的现实必要和根本目标 [J]. 中国报业，2018（14）.

[37] 郑燕燕. 浅谈逆向思维在广告创意中的妙用 [J]. 商场现代化，2008（9）.

[38] 邹红梅. 逆向思维在广告创意中的表现 [J]. 大众文艺，2015（17）.

[39] 张培胜. 让特色文化广告助推地方经济发展 [N]. 中国工商报，2014-08-12.